# Harmonie und Gesundheit

Aus dem Französischen übersetzt
Originaltitel:
»Harmonie et santé«

© 1987, Éditions Prosveta S.A., France, ISBN 2-85566-428-4
Französische Originalausgabe

© 1990, Éditions Prosveta S.A., France, ISBN 2-85566-487-X
Deutsche Ausgabe: »Harmonie und Gesundheit«

© 1996, Prosveta Verlag, Deutschland, ISBN 3-89515-013-4



ISBN 978-3-89515-013-5

10. Auflage

Druck 2023: Interpress, Ungarn

**Omraam Mikhaël Aïvanhov**

# Harmonie und Gesundheit

Reihe Izvor – Band 225

PROSVETA VERLAG

*Da Omraam Mikhaël Aïvanhov seine Lehre ausschließlich mündlich überlieferte, wurden seine Bücher aus stenografischen Mitschriften, Tonband- und Videoaufnahmen seiner frei gehaltenen Vorträge erstellt.*

# INHALT

Omraam Mikhaël Aïvanhov im Jahr 1945

# Kapitel 1

# Das Wesentliche ist das Leben

# Teil 1

Am Anfang ist das Leben. Beobachtet alle Geschöpfe: Zuerst ist das Leben da. Erst viel später gelingt es ihnen mehr oder weniger, zu fühlen, zu denken und wirksam zu handeln.

Das Leben... In diesem Wort sind alle Reichtümer des Universums zusammengefasst, undifferenziert und unorganisiert darauf wartend, dass eine Kraft sie ordnet und an die Arbeit schickt. In diesem Wort »Leben« sind ebenso alle Entwicklungsmöglichkeiten enthalten. In einer Zelle sind alle Organe, die es eines Tages geben soll, schon potenziell vorhanden, wie in einem Samen, der gesät, gegossen und gepflegt werden muss, damit er eines Tages Früchte trägt. Nach gewisser Zeit also beginnt, wie beim Samen, aus diesem Magma, diesem Chaos, aus dieser unbestimmten Realität, dem Leben, alles hervorzusprießen und Form anzunehmen.

Genau auf dieselbe Weise sind die Organe entstanden, die wir heute besitzen und in der Zukunft werden noch viele andere zum Vorschein kommen. Da der physische Körper ein Abbild des Astralkörpers ist und der Astralkörper ein Abbild des Mentalkörpers usw., bis hinauf zur göttlichen Ebene, und da wir auf der physischen Ebene mit fünf Sinnen ausgestattet sind, besitzen wir ebenso fünf Sinne auf der Astral und der Mentalebene: den Tastsinn, Geschmackssinn, den Geruchssinn, das Gehör und den Gesichtssinn. Obwohl sich diese Organe auf den anderen Ebenen noch nicht entwickelt haben, sind sie doch vorhanden und warten auf den Augenblick, in dem sie sich manifestieren können. Wenn sie einmal ausgebildet sind, werden wir in ungeahntem Ausmaß fähig sein zu sehen, zu fühlen, zu hören, zu schmecken, zu handeln und uns im Raum zu bewegen. Das Leben, das lebendige Wesen, die lebendige Zelle, der Mikroorganismus enthalten alle Entwicklungsmöglichkeiten. Sie brauchen aber noch Jahrtausende, bis sie sich in vollem Umfang manifestieren können. Darin besteht das Geheimnis, die Herrlichkeit des Lebens.

Seht euch einmal die Menschen an: Sie arbeiten, sie suchen Unterhaltung, laufen hin und her, geben sich allerlei Beschäftigungen hin. Dabei nimmt ihre Lebenskraft immer mehr ab, sie geht immer weiter zurück. Weil sie das Leben bekommen haben, glauben sie, sie könnten sich seiner bedienen, um alles zu bekommen, was sie sich wünschen: Reichtum, Vergnügungen, Wissen, Ruhm usw. Und sie schöpfen und schöpfen – und wenn sie am Ende ihrer Kräfte sind, sind sie gezwungen, alle ihre Aktivitäten aufzugeben. So ein Verhalten macht keinen Sinn, denn verliert man das Leben, so verliert man alles. Das Wichtigste ist doch das Leben; deshalb sollte man es schützen, es reinigen, es heiligen, alles, was es hemmt und blockiert, beseitigen, denn anschließend erlangen wir dank dem Leben Gesundheit, Kraft, Schönheit, Stärke, Intelligenz.

In meinem Vortrag über die fünf törichten und die fünf weisen Jungfrauen habe ich euch erklärt, dass das Öl, von dem Jesus sprach, als Symbol für das Leben steht. Wenn der Mensch keinen Tropfen Leben mehr hat, dann geht seine Lampe aus, er stirbt. Für das Öl finden sich auf allen Gebieten Entsprechungen: Für die Pflanze ist es das Wasser, für alle Geschöpfe der Erde ist es die Luft, für die Menschen jedoch ist es ganz besonders das Blut; für die Geschäfte ist es das Gold und das Silber; für das Auto ist es das Benzin usw.

Das Leben ist die Urmaterie, das Reservoir, aus dem jeden Tag neue Schöpfungen hervorsprudeln, die sich bis ins Unendliche weiterverzweigen. Aus diesem undifferenzierten und noch formlosen Leben, das nur als potenzielle Möglichkeit vorhanden ist, erschafft der Geist unaufhörlich neue Elemente und neue Formen...

Aber die Menschen befassen sich mit allem, nur nicht mit dem Leben. Würden sie als Erstes an das Leben denken, es behüten, es beschützen und in absoluter Reinheit bewahren, so hätten sie immer weitere neue Möglichkeiten zur Verfügung, um das Erwünschte zu erreichen, denn dieses Leben ist es, dieses lichtvolle, erleuchtete, intensive Leben, das ihnen alles schenken kann. Da sie aber diese Lebenseinstellung nicht haben, vergeuden sie ihr Leben und bilden sich ein, es sei ihnen alles erlaubt, nur weil sie am Leben sind. Jeder sagt sich: »Da ich das Leben nun einmal habe, muss ich etwas daraus machen!« Aber wie vielen gelingt es, auch tatsächlich zu verwirklichen, was sie sich wünschen? Sehr wenigen nur, die meisten bringen alles durcheinander.

Man sollte sich also von nun an eine andere Philosophie zu Eigen machen. Ihr müsst wissen, dass schon die Denkweise eine Wirkung auf euer Leben ausübt, auf seine Reserven, auf die Quintessenz eures ganzen Wesens, und dass ihr alles verpfuscht, wenn ihr falsch denkt.

Nehmen wir ein Beispiel: Ein Jugendlicher aus begütertem Haus geht dank der Unterstützung seines Vaters seinem Studium nach und arbeitet fleißig. Aber bald fängt er an, Dummheiten zu machen und mit allen möglichen Vergnügungen das väterliche Geld zu vergeuden und der Vater weigert sich, ihn weiterhin finanziell zu unterstützen. Worin besteht die Verfehlung des Sohnes? Er hat den gröbsten Fehler gemacht, nämlich das eigene Leben aufs Spiel zu setzen, das heißt die Voraussetzungen, Energien und Strömungen, für die das Geld hier symbolisch steht. Und wenn wir dasselbe machen, unser eigenes Leben benützen und missbrauchen wie es uns gefällt, uns erlauben, gegen alle Gesetze zu verstoßen, dann sind unsere Reserven bald erschöpft und wir geraten in Not; vielleicht nicht in materielle, physische Not, sondern in eine innere Not. Das Leben ist der einzig wahre Reichtum, und welchen Namen wir ihm auch immer geben: Reichtum, Unterhalt, Öl, Energien, Quintessenz..., es läuft auf dasselbe hinaus, denn das Wort »Leben« kann durch alle diese Begriffe ersetzt werden.

Die Menschen verbringen ihre Zeit damit, dieses Leben zu vergeuden, indem sie immer wieder neuen Errungenschaften hinterherlaufen, die bei weitem nicht so wichtig sind wie das Leben selbst. Sie arbeiten jahrelang, um ihre Ambitionen zufrieden zu stellen. Dann stehen sie eines Tages da, völlig erschöpft und abgestumpft; und wiegt man gegeneinander auf was sie erlangt und was sie verloren haben, merkt man, dass sie alles verloren und nur ganz wenig gewonnen haben. So sind eben die Menschen: Immer bereit, alles zu verlieren, denn niemand hat sie gelehrt, dass Gesundheit und Freude – selbst wenn man nichts anderes besitzt – viel wichtiger sind, als Reichtümer zu erwerben, von denen man nicht mehr profitiert, weil man ihnen bis zur Erschöpfung nachgejagt ist. Ein Sprichwort sagt: »Ein lebendiger Hund ist besser als ein toter Löwe«. Doch viele ziehen es vor, tote Löwen zu sein.

Es fehlt also die wahre Lebensanschauung. Schon von Kindheit an sollte man die Menschen lehren, mit ihrem Leben nicht verschwenderisch umzugehen, damit sie es einem erhabenen Ziel weihen können. Denn nur so gewinnt dieses Leben an

Reichhaltigkeit, an Kraft, an Intensität, genauso wie ein Kapital, das Zinsen bringen soll. Ihr habt dieses Kapital auf eine himmlische Bank gebracht, und anstatt vertan und vergeudet zu werden, wächst dieses Kapital immer weiter an. Ihr werdet immer reicher und habt bessere Möglichkeiten für eure Arbeit und weitere Ausbildung. Gebt ihr euch hingegen Vergnügungen, Emotionen und Leidenschaften hin, vertut ihr euer Leben, denn alles, was ihr bekommt, müsst ihr auch bezahlen, und zwar mit dem eigenen Leben. Man bekommt niemals etwas, ohne dafür etwas zu opfern. So wie ein Sprichwort sagt: »Wo gehobelt wird, fallen Späne.» Ich aber sage: Doch, ihr könnt hobeln, ohne dass Späne fallen. Ich kenne das Geheimnis: Legt euer Kapital dort oben in einer Bank an, dann werdet ihr umso kräftiger und stärker, je mehr ihr arbeitet. Ja, statt schwächer werdet ihr stärker, denn ihr zieht unablässig neue Elemente heran, welche die verbrauchten immer wieder ersetzen. Aber dazu müsst ihr euer »Geld«, euer Kapital in einer himmlischen Bank anlegen.

Aus diesem Grunde ist es so wichtig, sein Ziel klar vor Augen zu haben und zu wissen, für wen ihr arbeitet, denn eure Energien schlagen je nach den Umständen diese oder jene Richtung ein. Ist derjenige, für den ihr arbeitet, symbolisch gesprochen euer Vater, so verliert ihr nichts, sondern gewinnt sogar dabei. Das Wesentliche also ist zu wissen, wofür ihr eure Kräfte einsetzt und in welche Richtung ihr arbeitet, denn davon hängt eure Zukunft ab und auch, ob ihr ärmer oder ob ihr reicher werdet.

Ohne sich darüber im Klaren zu sein, arbeiten die meisten Leute für einen Feind, der in ihrem Inneren verborgen ist, der sie ausbeutet und sie auslaugt. Ein wirklicher Spiritualist legt mehr Weisheit an den Tag. Er arbeitet und setzt all seine Energien für sein eigentliches Selbst ein und zieht Gewinn daraus. Wahre Intelligenz besteht darin zu wissen, auf welche Weise man reicher werden kann, und nicht ärmer. Das hat nichts mit Personalität, nichts mit Egoismus zu tun, im Gegenteil.

Nehmen wir an, ihr entschließt euch, nicht für euch, sondern für die Kollektivität zu arbeiten. Nun, da ihr aber mit dieser Kollektivität verbunden seid, ein Teil davon seid, fällt es auf jedes ihrer Mitglieder zurück, also auch auf euch, wenn sie besser und schöner wird. Ihr gewinnt dabei, weil ihr euer Kapital auf einer Bank angelegt habt, die sich Familie nennt oder Kollektivität, Menschheit, universelle Bruderschaft, von der ihr ein Teil seid. Arbeitet ihr hingegen lediglich für euer kleines, mittelmäßiges Ich, so gehen eure Energien verloren und es kommt nichts Gutes dabei heraus. Ihr werdet sagen: »Aber ja, ich habe doch für mich gearbeitet!« Nein, denn euer persönliches, abgesondertes, egoistisches Ich gleicht einem Abgrund. Und weil ihr für dieses Ich gearbeitet habt, habt ihr alles in diesen Abgrund geworfen. Auf diese Weise sollte man nicht arbeiten. Individualisten wie Egoisten sehen nicht, was sie alles erwerben könnten, wenn sie für die Kollektivität arbeiten würden. Sie sagen immer: »So dumm bin ich nicht, ich arbeite für mich, ich schlage mich schon durch!« Genau damit verlieren sie ihr ganzes Kapital.

Wenn ich von der Kollektivität spreche, meine ich nicht allein die Menschheit, sondern auch das Universum und alle Geschöpfe darin, und auch Gott. Diese Kollektivität, diese Unermesslichkeit, für welche ihr arbeitet, gleicht einer Bank. Alles, was ihr für sie tut, fällt eines Tages verstärkt auf euch zurück. Da diese Bank, der Kosmos, immer glänzende Geschäfte macht, unentwegt reich an neuen Konstellationen, neuen Nebeln, neuen Galaxien wird, habt auch ihr an diesem Reichtum euren Anteil.

Diejenigen, die nur für sich selbst anstatt für die Unermesslichkeit arbeiten, werden immer ärmer. Dann denkt niemand mehr an sie, niemand liebt sie mehr, nicht einmal ihre eigene Familie, weil sie zu ichbezogen sind. Sie haben nie an die anderen gedacht, warum also sollte man an sie denken? Schließlich bleiben ihnen dann nur Enttäuschung, Verbitterung und Kummer. Niemals wird es ihnen einfallen, dass ihre Philosophie vielleicht nicht die richtige war. Oh, nein! Sie hatten immer Recht. Es waren die anderen, die sich ungerecht und boshaft verhielten. Sie verdienen nur Liebe und Hilfe. Verdienen, immer verdienen... aber was haben sie denn an Gutem getan, um alles Mögliche verdient zu haben? Diejenigen hingegen, die voller Liebe, Güte und Selbstlosigkeit sind, werden anfänglich oft benutzt und hintergangen und für naiv, albern, ja, sogar für dumm gehalten. Aber je mehr Zeit vergeht, desto mehr spürt man, dass sie wirklich außergewöhnliche Menschen sind; und eines Tages werden alle sie belohnen, sie umhegen und sie lieben. Sie haben für das gesamte Universum gearbeitet und werden eines Tages reichlich dafür belohnt, aber natürlich nicht sofort.

Legt ihr eine bestimmte Summe auf einer Bank an, so wird sie euch nicht gleich am nächsten Tag Zinsen einbringen. Ihr müsst eine Zeit lang warten. Und je länger ihr wartet, desto mehr Zinsen bekommt ihr. Dasselbe Gesetz gilt auch auf der spirituellen Ebene. Ihr arbeitet mit viel Liebe, viel Geduld, viel Vertrauen und seht zunächst keinen Erfolg. Lasst euch nicht dabei entmutigen. Verliert ihr jedoch den Mut, bedeutet das, dass ihr die Gesetze, die euer tägliches Leben regieren, nicht richtig entziffert habt. Aber ja! Ihr solltet mit den Gesetzmäßigkeiten des Bankwesens und der Administration vertraut sein. Kennt ihr sie, so werdet ihr verstehen, dass man warten muss. Dann werden euch Reichtum und Schätze von allen Seiten zuströmen. Auch wenn ihr versucht davonzulaufen, werdet ihr ihnen nicht ausweichen können. Das ganze Universum lässt wunderbare Reichtümer auf euch herabregnen, denn ihr selbst habt sie hervorgerufen. Das ist wahre Gerechtigkeit!

Ihr seht also, wie dumm eine ichbezogene Philosophie ist. Man verlässt sich auf den Schein, aber der Schein trügt, wie oft habe ich euch das schon gesagt! Die Wahrheit kann man erst entdecken, wenn man hinter dem Schein sucht. Das, was im Augenblick als vorteilhaft und nützlich angesehen wird, erweist sich oft als schädlich für die Zukunft.

Vergeudet also nicht euer Leben, um nichts auf der Welt, denn sein Wert ist ohnegleichen. Selbstverständlich gibt es Ausnahmefälle, in denen Menschen ihr Leben geopfert haben, um andere zu retten oder um für bestimmte Ideen einzustehen. Die Propheten, die Eingeweihten, die ihr Leben für eine Idee, für den Ruhm Gottes hingaben, haben tatsächlich nichts verloren, denn der Himmel gab ihnen anschließend ein neues, viel reichhaltigeres, viel schöneres Leben, weil sie das vorhergehende für das Gute geopfert hatten. Ich sage nicht, man solle unbedingt am Leben festhalten, nein, es gibt Ausnahmefälle. Aber im Allgemeinen sollte der Schüler sein Leben schützen, läutern und stärken, da dieses Leben die Urquelle, das Reservoir, der Ausgangspunkt für alle weiteren Entwicklungsmöglichkeiten ist, auf der intellektuellen, emotionalen, ästhetischen Ebene und so fort.

Wenn ich sage, die Menschen befassen sich nicht mit dem Leben, bemühen sich nicht, es zu bewahren, könnt ihr einwenden, das sei nicht wahr, es strebten doch alle danach, es zu verlängern. Es zu verlängern, ja, aber nicht, es zu vergeistigen, zu läutern, zu erleuchten, zu heiligen und zu vergöttlichen. Man versucht, das Leben zu verlängern, um sich noch tiefer in Vergnügungen, Machenschaften und Verbrechen zu stürzen. Wenn ihr glaubt, dass die Ärzte an die Verlängerung des Lebens der Menschen denken, damit diese es in den Dienst des Lichtes oder in den Dienst am Wohle der ganzen Welt stellen...! Ganz und gar nicht! Also wenn ich sage, dass keiner sich mit dem Leben befasst, habe ich vollkommen Recht: Man kümmert sich nicht um das wahre Leben, anders gesagt, man ist nicht fähig, Freude, Schönheit, Kraft, Reichtum, Ruhm, Wissen zu erlangen, ohne sein Leben zu vergeuden. Was immer man auch tun mag, man richtet es immer so ein, dass man sein Leben vergeudet.

Entschließt ihr euch einmal dazu, ausschließlich dafür zu arbeiten, dass euer Leben schöner, intensiver, reiner und heiliger wird, so weitet ihr all eure Fähigkeiten aus. Denn dieses von Reinheit und Harmonie geprägte Leben tritt mit anderen Regionen in Verbindung, wo es sich auf viele andere Wesen auswirkt, die euch dann helfen und euch inspirieren. Es ist also das Leben, das alles andere herbeibringt, aber nur, wenn es rein und harmonisch ist.

Die Lebensweise ist das Wesentliche überhaupt. Habt ihr das einmal begriffen, dann werdet ihr alles bekommen, was ihr euch wünscht, sogar ohne darum gebeten zu haben. Aus diesem Grund würde ich gerne genau das Gegenteil zu den Worten Jesu sagen: »Bittet nicht, so wird euch gegeben! Suchet nicht, so werdet ihr finden! Klopfet nicht an, so wird euch aufgetan!« Ja, aber wann? Wenn ihr ein göttliches Leben führt! Das ist es! Eines Tages wird es in dem neuen Evangelium stehen, denn Jesus war derselben Meinung. Er konnte sie jedoch nicht aussprechen. Zu seiner Zeit hätten sie die Leute nicht verstehen können. Käme Jesus heute wieder, dann würde er sagen: »Führt ein göttliches Leben und bittet um nichts. Es wird euch alles gegeben!« Weshalb? Wenn ihr dieses göttliche Leben führt, gebt ihr. Folglich bekommt ihr auch etwas. Selbst wenn ihr keinen Wunsch äußert – das ist ohne Bedeutung –, wird euch der Himmel reich beschenken.

Anmerkung

1. Siehe Band 217 der Reihe Izvor »Ein neues Licht auf das Evangelium«, Kapitel 9: »Das Gleichnis von den fünf törichten und den fünf klugen Jungfrauen«.

## Teil 2

Sobald ihr gelernt habt, wie man das wahre Leben ausstrahlt, damit es euch Offenbarungen bringen kann und euch alle Türen öffnet, wird euch endlich klar, was das wahre Leben ist. Deshalb arbeitet von nun an immer daran, dass dieses Leben intensiver wird, daran, die schöpferische Kraft dieses Lebens zu fördern, denn es vermag Phänomene von höchster Magie an Herzen, Seelen und höheren Intelligenzen, an den Wesen und Kräften der Natur und sogar an allen Gegenständen der physischen Welt hervorzurufen. Ja, jetzt kommt der Augenblick, wo alle begreifen müssen, wie bedauerlich es ist, eine ganze Ewigkeit voller Herrlichkeit zu verpfuschen für ein mittelmäßiges Dasein, das sie mit essen, trinken, schlafen, hier- und dorthin gehen, um ihre Begierden zu befriedigen, verbringen. Ich bitte euch, ist das vernünftig?

Den Eingeweihten ist es nur deshalb gelungen, Gleichgewicht und Frieden und allen Segen des Himmels zu erlangen, weil sie sich mit dem

Leben beschäftigten, weil sie begriffen, dass die wirksamste Magie, die es gibt, nur im Leben und nirgendwo anders zu finden ist. Ja, das Leben. Es gibt keine höhere Magie als Leben einhauchen zu können. Die Menschen zu beleben, sie anzuregen, sie zu entflammen und zu neuem Leben zu erwecken. Wer diese Wahrheit nicht verstanden hat, ist dabei, die Wurzeln seines Daseins zu zerstören. Er wird niemals wissen, was das wahre Leben ist.

Warum esst ihr drei- oder gar viermal am Tage? Ihr esst und trinkt und geht danach an die Arbeit, lest und so weiter. Doch weshalb esst ihr zuerst? Und lernt und arbeitet ihr während des Essens? Nein, aber ihr führt das Leben in euch ein. Es beginnt in euch einzudringen, ernährt überall die Zellen in den Armen, den Beinen, den Ohren, im Mund, im Gehirn usw., welche so die notwendigen Energien bekommen. Dann können die Beine laufen und ihr bekommt den ersten Preis beim Wettkampf! Die Arme sind imstande zu schlagen; dann seid ihr ein Boxer oder etwas Ähnliches und bekommt noch einen Preis! Sprechen könnt ihr auch, und eure Zunge – oh je – gleicht einem Maschinengewehr. Und wieder tragt ihr einen Sieg davon. So geht es weiter mit den Ohren, mit dem Gehirn, mit allem. Habt ihr jedoch nicht gegessen, könnt ihr weder laufen noch schlagen noch sprechen. Ihr seht also, wenn ihr das Leben in euch einführt, so übernimmt dieses es, eure Zellen zu stärken und zu stimulieren, und alle eure Fähigkeiten werden wach. Die Voraussetzung ist also das Leben, das den ganzen Organismus nährt.

Auf dieselbe Art und Weise kann uns das Leben mit der göttlichen Welt in Verbindung bringen. Zu diesem Schluss bin ich gekommen, indem ich darüber nachdachte, was im täglichen Leben vor sich geht. Ich erfinde nichts. Ihr seid es nur nicht gewohnt, die Dinge zu beobachten. Eure Augen können sehen und eure Ohren hören, weil ihr gegessen habt. Verzichtet ein paar Tage auf jegliche Nahrung und ihr werdet nicht mehr so gut sehen und hören. Wenn das Leben fehlt, so versagt auch alles Übrige. In dem Moment aber, wo es euch gelingt, das Leben mit Licht zu erfüllen, es zu läutern, zu vergeistigen, öffnet es in euch andere Ohren, andere Augen: Dann beginnt ihr, auf der unsichtbaren Ebene zu hören und zu sehen. Ihr erfasst Gesetze, Wahrheiten und Entsprechungen. Die wahren Eingeweihten lernen nicht aus Büchern, sie entdecken in der unsichtbaren Welt Wirklichkeiten, die Philosophen und Wissenschaftlern noch unbekannt sind. Sie können sie wahrnehmen, weil sie dieses höhere Leben haben, das ihre feinstofflichen Körper belebt. Durch dieses Leben werden ihnen zahlreiche Offenbarungen zuteil.

Viele sagen: »Ich lebe aber doch, ich bin am Leben! Ich esse, trinke, mache Geschäfte.« Nein, sie leben nicht, sie vegetieren nur dahin und begnügen sich damit; sie haben noch keine Ahnung davon, was es bedeutet zu leben. Denn das Leben hat Abstufungen, Milliarden von Abstufungen. Deshalb sagte Jesus: »Ich bin gekommen, damit euch das Leben in Fülle gegeben werde.« Welche Art Leben meinte er? Seine Jünger waren doch am Leben! Um welche

Art von Leben bat er für sie? In Wirklichkeit sprach er von einem anderen Leben, von einer so feinstofflichen, so vergeistigten, lichtvollen und göttlichen Stufe von Leben, dass es möglich ist, das zu sehen, zu hören, zu fühlen, zu kosten und zu berühren, was man mit einem rein physischen, instinktiven Leben überhaupt nicht erreichen kann. Das ist es, was Jesus unter Leben verstand. Er betete zum Himmel, dieser möge seinen Jüngern dieses spirituelle Leben schenken, das es ermöglicht, in himmlischen Regionen zu verstehen und zu atmen.

Ihr kennt alle dieses Lied von Meister Peter Deunov: »Sine moi pazi jivota: Mein Sohn, bewahre das Leben, den Funken, der in dir verborgen liegt.« Es beweist, dass Meister Peter Deunov derselben Auffassung über die Bedeutung des Lebens war. Ja, jetzt braucht man Lehrer und Pädagogen, die Klarheit in die grundlegende Frage bringen können, was bedeutet Leben.

Steckt ein Samenkorn in die Erde und eines Tages wird ein Baum daraus mit Wurzeln, einem Stamm, Ästen, Blättern, Blüten und Früchten. Wie konnte der Samen einen solchen Reichtum hervorbringen? Das Leben hat das in die Hand genommen. Das Leben hat alle Möglichkeiten. Man muss es nur in eine bestimmte Richtung lenken, so wie man es mit dem Wasser auch macht. Wenn man das Wasser nicht genau dorthin leitet, wo das Gemüse und die Früchte wachsen, kann es sie nicht bewässern und sie gedeihen nicht. Darum legt der erfahrene Gärtner zuerst Gräben an, damit das Wasser in die vorgegebene

Richtung fließt und alle Pflanzen versorgt werden. Warum habt ihr darüber nie nachgedacht? Ihr würdet dann verstehen, dass ihr euch zuerst mit dem Leben befassen müsst. Das heißt, Wasser finden und es dann kanalisieren. Für den Menschen bedeutet kanalisieren, es nach oben zu leiten, so wie man es in Gebäuden macht, die zwanzig, fünfzig oder sogar hundert Stockwerke hoch sind.

Der Mensch gleicht einem Wolkenkratzer. Es gibt in ihm jedoch nicht nur hundertfünfzig Stockwerke, sondern Tausende, deren Bewohner er bis zum letzten Stockwerk, bis zum Gehirn, versorgen muss. Was machen die Menschen aber stattdessen? Sie lassen das Wasser nur nach unten fließen, zu den niedersten Trieben, Leidenschaften und Begierden und es bleibt ihnen nichts mehr übrig für die Versorgung ihrer spirituellen Zellen, deren Bewohner schlafen. Sie sind erstarrt und gelähmt und bringen nichts mehr zustande. Ja, im Gehirn leben bestimmte Wesen, die mit Forschungsarbeiten, mit dem Aussenden und Auffangen von Botschaften beauftragt sind. Sie leiden jedoch an Anämie, an Wassermangel, und haben weder die Kraft, ihre Arbeit zu verrichten noch ihre Funktionen zu erfüllen.

Solange der Mensch nicht daran denkt, sein Leben auf erhabene Regionen auszurichten, entwickelt er sich nicht weiter. Das Leben ist etwas, das sich entfaltet, Früchte hervorbringt. Pflanzt ihr ein Samenkorn in die Erde, so könnt ihr nach einiger Zeit beobachten, wie sich das Leben allmählich manifestiert. Seine Sprache drückt sich darin aus, dass kleine Wurzeln und kleine Blätter erscheinen. Das ist das Leben: eine Verschönerung, eine Bereicherung, ein üppiges Wachsen! Für euch gilt dasselbe. Wenn ihr beginnt, euch mit eurem Leben zu befassen, wenn ihr es wie einen Samen in die Erde legt, es begießt und nach oben ausrichtet, dann wird es aufblühen. Und beim Aufblühen wird es Zellen erwecken und Fähigkeiten, deren Existenz ihr nicht einmal vermutet habt. Ihr seht also, mit der Ernährung kann man alles erklären. Beim Essen führt ihr das Leben in euch ein, und dieses Leben – vorausgesetzt ihr wisst, welche Ausrichtung ihr ihm geben sollt – übernimmt es, überallhin einzudringen und euch Freuden und Bewusstseinszustände von unbeschreiblichem Reichtum und unbeschreiblicher Herrlichkeit zu schenken. Selbst Dichtern und Musikern gelingt es nicht, all die Ausdrucksformen, Farben und Melodien auszudrücken, durch welche sich das Leben zu offenbaren vermag.

Warum weiß niemand, selbst unter den Biologen nicht, was das Leben wirklich ist? Sie wissen so viele Dinge, sind mit einer Unzahl chemischer Kombinationen vertraut, doch wenn es um das Leben geht, dann geben sie sich mit der Feststellung zufrieden: »Da liegt das größte Geheimnis!« Ja, das größte Geheimnis, weil sie nie begriffen haben, dass man viel höher oben suchen muss, um zu entdecken, was das Leben ist. Nur oben ist es möglich, das Leben zu erkennen, nicht unten. Unten handelt es sich lediglich um den Lebensinstinkt, um das animalische, vegetative, mineralische Leben. Erheben sie sich jedoch bis zu den erhabenen Regionen, von wo das Leben kommt, haben sie einmal Wahrnehmungen spirituellerer, subtilerer Natur, dann werden die Menschen entdecken, was das Leben wirklich ist.

Das Leben, das ist Gott Selbst. Außerhalb von Gott gibt es kein Leben. Er hat das Leben geschaffen und verteilt. In ihrem Bewusstsein bleiben die Menschen von Gott getrennt und können deshalb das wahre Leben nicht kennen. Gott ist die Urquelle des Lebens. Und nur wer sich der Gottheit nähert, ist imstande, das Leben zu erkennen. Gott allein erschafft das Leben und ist fähig, uns das Geheimnis des Lebens zu enthüllen.

Versucht, mich doch wenigstens heute zum ersten Mal zu verstehen und sagt: »Von nun an wollen wir unser Leben in eine andere Richtung lenken, es harmonisch machen, Früchte tragen lassen, es Gott weihen und es heilig halten.« Dann wird eine Wandlung eintreten. Eure Gesundheit, euer Selbstgefühl, alles, was kommen wird, wird anderer Natur sein. Beharrt ihr aber auf euren alten Vorstellungen – umso schlimmer für euch! Dann vegetiert ihr noch ein paar Jahre dahin und wenn ihr ins Jenseits hinübergeht, wird man euch zeigen, wie arm und miserabel euer Dasein war. Auch wenn ihr ganze Bibliotheken gelesen, an fünf oder sechs Universitäten studiert habt, wird euch doch gesagt, ihr hättet gelebt wie ein Tier und dadurch eure weitere Entwicklung erheblich verzögert.

Ich sagte euch schon, das Wesentliche ist das angestrebte Ziel, das Ideal, für welches ihr arbeitet. Darin liegt der Kern der Sache. Macht Schluss mit der Vorstellung, ihr solltet, um von anderen geschätzt zu werden, auf diese oder jene Art und Weise leben und denken. Das ist alles nur Schein, das wahre Leben hat damit nichts zu tun. Bemüht euch, das göttliche Leben zu leben, so wie diejenigen, die sich nie gefürchtet haben und die Kühnheit und die Geduld hatten weiterzugehen, trotz aller Hindernisse und widriger Geschicke. Eines Tages werden dann Kraft, Macht und Licht euer sein.

Natürlich wird euch der Schein immer etwas zum »Knabbern« geben, aber welche Tragödien spielen sich nebenbei ab? Wer sich mit dem »Knabbern« zufrieden gibt, hat keine Ahnung, dass auch er währenddessen »angeknabbert« wird, und wie! Diejenigen jedoch, die nicht beim Schein stehen geblieben sind und die wahre Realität vorgezogen haben, können euch sagen, in welchem Reichtum und in welcher Herrlichkeit sie leben. Also, habt Vertrauen in sie, folgt ihnen, bleibt nicht auf den ausgetretenen Wegen. Natürlich kommen sie einem sicherer vor, da so viele sie schon gegangen sind. Die kleinen schmalen Wege jedoch, die bis zum Gipfel hinaufführen, sind vielleicht riskanter, das ist aber kein Grund, sie nicht einzuschlagen.

Das Leben, das ist das Wasser, das alles ernährt, alles belebt. Wenn ihr es nach oben lenkt, werden alle Wesenheiten in euch gesättigt, aus ihrem schläfrigen, kraftlosen Zustand wachgerufen und nehmen ihre Arbeit auf. Sie sind so gut ausgestattet, dass sie euch über das ganze Universum, über euer inneres Leben berichten können. Braucht ihr wirklich von mir noch weitere Beispiele, um euch zu zeigen, wie man sein Leben vergeudet? Betrachtet zum Beispiel den Bereich der Liebe. Wie viele Leute vergeuden ihre Liebe auf dem niedrigsten Niveau, anstatt sie bis zum Gehirn hinaufzuschicken, damit die Bewohner dort oben ernährt werden! Solche Menschen verblöden, verdüstern, weil sie ihrem Leben eine Richtung geben, die in den Abgrund führt. Andere hingegen, die versuchen, diese Energie umzuwandeln und zu sublimieren, sie hohen Zwecken zu weihen, sind zu Genies, zu Lehrern, zu Wohltätern der Menschheit geworden.

Wenn ihr mich heute gut verstanden habt, könnt ihr eure Zukunft neu aufbauen. Entschließt euch endlich dazu, die Wesen in euch zu beleben, damit sie ihre Arbeit verrichten können. Bis jetzt wusstet ihr nicht, wie ihr die Phänomene deuten sollt, die sich Tag für Tag vor euren Augen abspielen. Ihr habt nicht begriffen, dass genau dieselben Phänomene im spirituellen Bereich auftreten. Und vor allem habt ihr nicht gesehen, dass das Leben die wahre Magie ist, dass das Leben euch die Achtung, die Ehrerbietung, die Liebe der Menschen und des ganzen Universums bringen wird. Ihr könnt euch mit Magie befassen, wenn ihr wollt, aber ohne Formeln auszusprechen, ohne Kreise zu ziehen oder zu räuchern, ohne Zeremonien: Konzentriert euch nur darauf, ein besseres Leben zu führen, es reicher zu machen, es zum Aufblühen zu bringen, es anzufüllen mit Liebe, Selbstlosigkeit und Reinheit. Dann verteilt es, strahlt es in das gesamte Universum hinaus.

Künftig solltet ihr also meinen Worten Glauben schenken und euer Leben nicht mehr vergeuden. Ihr werdet fragen: »Soll man nicht arbeiten, um Geld zu verdienen, ein Haus, ein Auto zu kaufen, um zu heiraten und Kinder zu haben?« Das habe ich nie gesagt. Ich sage nur, dass die meisten nicht wissen, wie sie es anstellen sollen, sie gehen zu weit und richten ihre Gesundheit zugrunde. Wenn ihr arbeitet, um euer Leben auf der materiellen Ebene zu sichern, euch die günstigen Voraussetzungen zum Denken, Meditieren, Lieben zu verschaffen, dann ist alles in Ordnung. Aber warum soll man nach allem gieren? Man möchte eines und dann das Nächste und wieder das Nächste... und das ganze Leben wird vergeudet, um sich das alles anzueignen. Nein, man sollte vernünftig arbeiten und diese Arbeit einer göttlichen Idee widmen. All diejenigen, die Chef, Präsident, Champion von diesem oder jenem werden wollen, müssen zwangsläufig bestimmte Grenzen überschreiten und verlieren dabei natürlich ihre Gesundheit und ihr Gleichgewicht. Oft enden sie in Kliniken oder psychiatrischen Anstalten. Und dennoch nimmt die ganze Welt diese Leute zum Vorbild!

Was die Jugendlichen betrifft, so sind ihre Vorbilder Filmstars, Sänger, Gangsterbosse, Drogensüchtige oder Anarchisten. Sie wären zu allem bereit, nur um ihnen gleich zu werden. Die Presse, die Film- und Theaterbranche, die gesamte Publizistik, alles trägt dazu bei, die Jugend auf eine schiefe Bahn zu bringen. Fast könnte man sagen, sie hätten sich alle dem Untergang der Menschheit verschworen

– übrigens einschließlich ihrem eigenen! Die Menschen laufen blindlings in den Abgrund. Aber da sich dieser nicht unmittelbar vor ihnen auftut, laufen sie ahnungslos immer weiter darauf zu. Könnte man ihn schon von weitem sehen, könnten sie Vorkehrungen treffen, da er aber weit weg und gut getarnt ist, laufen und laufen sie, können nicht mehr anhalten und stürzen hinein, es ist einfach zu spät. Es kommt ein Moment, wo es zu spät ist. Selbst wenn man den Abgrund sieht, kann man nicht mehr anhalten, nicht mehr zurückweichen, es ist aus. Wie viele Leute habe ich sagen hören: »Ich sehe den Abgrund offen vor mir, ich kann ihm aber nicht mehr ausweichen!«

Wenn ihr mir jetzt die Frage stellt: »Warum gibt es so wenige Menschen, die sich dazu entschließen, ihr Leben zu verändern und ihre Art und Weise wie sie denken, fühlen, handeln? Was sind die Gründe dafür?« Erstens haben sie keine klare Vorstellung von den Vorteilen, die eine solche Veränderung mit sich bringt. Sie sind überzeugt davon, dass es sich bei der allgemeinen Lebensführung um das wahre Leben handelt. Braucht ihr einen Beweis dafür? Unentwegt sagen sie: »So ist das Leben! Wie traurig oder entsetzlich etwas auch sein mag, sie wiederholen es immer wieder. »Was willst du, mein Lieber! So ist nun mal das Leben!« Wie soll man sich verändern, wenn man nicht überzeugt davon ist, dass es ein besseres Leben gibt? Zweitens glauben die meisten nicht daran, dass es möglich wäre, sich selbst zu verändern. Und drittens ist es für die Mehrzahl der Menschen viel zu schwierig. Es erfordert zu viele

Anstrengungen von ihnen und sie sind deshalb nicht entschlossen genug. Im Vergleich dazu erscheint ihnen alles Übrige leicht. Sei es Diplome zu erlangen, Geld zu verdienen usw., das ist alles ganz leicht, aber die Lebensweise zu ändern, sich zu verwandeln... o je, o je!

Natürlich forschen die Biologen nach einer Möglichkeit, die Entwicklung der menschlichen Spezies zu verbessern. Sie arbeiten jedoch nur auf der physischen Ebene. Sie glauben, aufgrund von Chromosomenveränderungen könnten sie auf einen Schlag lauter Genies hervorbringen. Möglich ist das – aber das ist eine andere Frage. Sich bessern ist schwer, das stimmt. Aber wie viele Methoden habe ich euch schon gezeigt, damit ihr euer Leben verändern und auch euch selbst verwandeln könnt! Wie man zum Beispiel ein Reis aufpfropft. Stellt euch vor, ihr hättet zu Hause einen kräftigen Baum, eine Quitte z. B., der herbe, saure Früchte trägt. Da er reichlich mit Saft versorgt ist und mit viel Kraft, könnt ihr ihn pfropfen und bekommt dann saftige Früchte. Wie ich euch erklärte, muss man diese Reiser auf der inneren, psychischen Ebene verstehen.

Tatsächlich ist es nicht so schwierig sich zu verwandeln. Es hängt davon ab, wie groß der Wunsch danach ist, dieses Ziel zu erreichen. Ist man einmal seiner selbst so überdrüssig und angewidert, dass man sich selbst nicht mehr erträgt und hat den intensiven Wunsch sich zu verändern oder wenigstens ein klein wenig besser zu werden, dann kann dieser Wunsch außergewöhnliche Wirkungen auslösen.

Haben aber die Menschen wirklich diesen tiefen, innigen Wunsch? Vielleicht einen oder zwei Tage lang, aber dann geben sie auf und all ihre guten Entschlüsse fallen ins Wasser. Diesen Wunsch muss man beständig nähren, bis man sich eines schönen Tages verändert und verwandelt. Das versteht man unter Auferstehung. Viele glauben, sie müssten bis zum Jüngsten Tag warten, an dem alle Toten erwachen und aus ihren Gräbern heraussteigen. So verstehen die Christen die Dinge. Was für ein Spektakel, was für eine Pracht! Findet ihr nicht? All diese Toten, die alle auf einmal auferstehen? O nein! Jetzt, gleich, sofort, noch in diesem Leben sollte man auferstehen.

Anmerkungen

1. Siehe Band 240 der Reihe Izvor »Söhne und Töchter Gottes«, Kapitel 1: »Ich bin gekommen, damit sie das Leben haben«.
2. Siehe Band 238 der Reihe Izvor »Der Glaube versetzt Berge«, Kapitel 9: »Der Beweis für die Existenz Gottes ist in uns«.
3. Siehe Band 221 der Reihe Izvor »Alchimistische Arbeit und Vollkommenheit«, Kapitel 7: »Die Veredelung – Das Pfropfreis«.

# Kapitel 2

# Die Welt der Harmonie

Als ich als Thema für meinen Vortrag die Harmonie auswählte, war mir bewusst, wie schwer es für euch sein wird, mich zu verstehen; damit meine ich natürlich nicht ein Verstehen rein intellektueller Art, sondern ein Verstehen bis in die Tiefen eures ganzen Wesens. Denn die Menschen kümmern sich nicht um dieses Thema. Im Gegenteil, ihre Lebensweise trägt dazu bei, sie in alle möglichen Beschäftigungen und Tätigkeiten hineinzuziehen, die von der Harmonie meilenweit entfernt sind, ganz besonders von jener Harmonie, wie die Eingeweihten sie verstehen. Bemüht euch trotzdem, mir aufmerksam zuzuhören.

Wenn euch eure Vervollkommnung, eure höchste Entfaltung und euer endgültiges Heil wirklich wichtig sind, dann müsst ihr an der Harmonie arbeiten, das heißt, euer ganzes Wesen mit allen Kräften des Universums harmonisieren. Alle Macht des Spiritualisten liegt in seiner Willenskraft, die darin besteht, sich mit dem universellen Körper des Universums in Einklang zu bringen, den Gipfel zu erreichen und das Leben Gottes zu leben.

Es gibt eine Welt der Harmonie, eine ewige Welt, aus welcher die unendliche Vielfalt der Formen und Farben, der Töne und Düfte hervorgegangen ist. In diese Welt habe ich vordringen dürfen. Vor vielen Jahren gewährte es mir der Himmel, diese Harmonie zu kosten. Ich wurde aus meinem Körper herausgehoben und bekam die Sphärenmusik zu hören. Niemals wieder in meinem Leben habe ich derartige Empfindungen erlebt, von einer solchen Fülle, einer solchen Intensität. Es gibt nichts Vergleichbares. Das war so unbeschreiblich, beinahe unerträglich, so überwältigend war dieses Gefühl von Erweiterung, von Ausdehnung im Raum. So schön, so göttlich, dass ich es mit der Angst zu tun bekam. Ja, ich bekam Angst vor dieser Pracht; denn ich fühlte, dass mein ganzes Sein derart weit wurde, dass ich Gefahr lief, mich aufzulösen und im unendlichen Raum aufzugehen. Da habe ich den Zustand dieser Ekstase abgebrochen und bin zur Erde zurückgekehrt. Jetzt bedauere ich das. Doch habe ich immerhin einige Augenblicke lang erlebt, gesehen und gehört, wie das gesamte Universum schwingt. Die Steine und Bäume, die Berge und Ozeane, alle Sterne und Sonnen und alle Geschöpfe sangen miteinander in großartiger, erhabener Harmonie, als wäre... aber nein, es ist mit nichts vergleichbar, was man auf der physischen Ebene hören kann. Ja, ich hatte Angst, denn es war so mächtig, so intensiv... noch ein paar Sekunden, und ich wäre gestorben, hätte mich einfach aufgelöst. Der Himmel hat mir diese Erfahrung gewährt, damit ich eine Vorstellung von dieser himmlischen Harmonie bekam. Pythagoras, Plato und viele andere Philosophen haben über diese Harmonie berichtet, aber ich frage mich, wie viele von ihnen sie wirklich erleben durften.

Heute erfüllt die bloße Erinnerung an diese Erfahrung meine ganze Seele, als hätte es genügt, mein ganzes spirituelles Leben dadurch aufrechtzuerhalten, zu unterstützen und immer wieder zu nähren. Ja, zu wissen, wie das Universum aufgebaut ist, wie es in Harmonie schwingt durch den Willen dieser kosmischen Intelligenz, die jedem einzelnen Ding, jedem einzelnen Wesen einen Ton, eine Stimme gab...

Viele waren immer wieder erstaunt darüber, dass die Vorträge, die ich schon seit Jahren halte, eine solche Einheit darstellen. Nie gab es einen Widerspruch in meinen Worten, als ginge alles aus ein und demselben Punkt hervor, dort aus dem Zentrum. Ja, so ist es, und ich kann euch sagen, warum es so ist: Diese Einheit habe ich nicht kennen gelernt, weil ich Bücher gelesen habe, sondern weil ich die Harmonie der Sphären gehört habe. Angesichts dieser Harmonie wird einem klar, wie das Universum lebt, wie es schwingt, was für eine Struktur und was für eine Bestimmung es hat. Viele bilden sich ein, sie könnten durch Lesen und Studieren zur Wahrheit gelangen. Nein, die Wahrheit findet man oben, nicht unten. Wie oft habe ich jahrelang immer wieder meinen physischen Körper verlassen, um dieses Gefüge, den Aufbau des Kosmos zu kontemplieren. Ich habe das Universum nicht so kontempliert, wie wir es sehen, in seiner Körperlichkeit, sondern als Struktur, in der Welt der Archetypen. Und es ist mir gelungen. Diese Harmonie der Sphären, die ich gehört habe, war das Ergebnis all meiner Forschungen, all meiner Arbeit, all meiner Übungen des Aus-dem-Körper-Austretens. Seitdem gilt sie stets für mich als Kriterium, als Muster, als Vorbild, als Bezugspunkt, um jedes Ding zu verstehen und einzuordnen.

Jetzt wisst ihr, dass ich mein ganzes Wissen, meine gesamte Inspiration aus jenem Bereich schöpfe, in dem ich die himmlische Harmonie, die Musik der Sphären gehört habe. Diese Harmonie erklärt mir alles, im Übrigen gibt es gar nicht so viel zu erklären. Ihr verwirklicht diese Harmonie und auf einen Schlag versteht ihr alles. Ihr versteht die Weisheit Gottes, ihr versteht den Frieden, ihr versteht die Liebe. Wie oft haben mir einige von euch gesagt: »Gestern hatte ich das Gefühl, als würde ich alles begreifen und heute begreife ich nichts mehr!« Ja, weil sie diese Harmonie gestört haben. Deshalb solltet ihr euch ohne Unterlass von diesem Wort »Harmonie« durchdringen lassen, an kein anderes denken, es in euch als eine Art Stimmgabel bewahren; und sobald euch etwas Beunruhigendes, Verwirrendes stört, greift nach dieser Stimmgabel und hört auf ihren Ton, um euer ganzes Wesen mit dieser Region der Harmonie in Einklang zu bringen.

Diese Region existiert tatsächlich. Die Kabbalisten erwähnen sie auf dem Lebensbaum. Jede Sephira des Lebensbaumes bringt eine Facette der göttlichen Harmonie zum Ausdruck. Aber die

Sephira, welche die Harmonie der Sphären regiert, ist Chokmah. Dort herrscht Jah. In dieser Sephira entspricht Jah dem Namen Gottes. Sein Diener ist Rasiel, der Erzengel des Lichtes, der Erkenntnis, der Weisheit, der Macht und des göttlichen Wortes. In seinen Diensten stehen die Ophanim, in der christlichen Religion »Cherubin« genannt. Sie folgen der Autorität des göttlichen Wortes und wachen über die kosmische Harmonie. Ihr Reich ist unermesslich groß. Es reicht bis zum Tierkreis, im Hebräischen »Masaloth« genannt.

Wenn ihr wirklich euer Glück und eure höchste Entfaltung anstrebt, dann müsst ihr an die Harmonie denken, immer wieder daran arbeiten und euch mit dem gesamten Universum in Harmonie bringen. Wenn ihr in euren Bemühungen nicht nachlasst, wird einmal der Tag kommen, an dem ihr fühlt, dass sich von den Füßen bis zum Kopf alles in euch mit dem kosmischen Leben verbindet und in Einklang mit ihm schwingt. Erst dann werdet ihr verstehen, was Leben, Schöpfung, Liebe wirklich bedeuten. Vorher nicht. Vorher könnt ihr es nicht begreifen. Man glaubt, man würde mit dem Intellekt, äußerlich, etwas erfassen. Aber nein! Verstehen, wahres Verstehen geschieht nicht mit ein paar Zellen des Gehirns. Es geschieht mit dem ganzen Körper, sogar die Füße, die Arme, der Bauch, die Leber sind darin einbezogen. Der ganze Körper und alle Zellen müssen verstehen. Verstehen ist eine Empfindung. Erst wenn ihr empfindet, könnt ihr verstehen; dann wisst ihr, weil ihr gekostet habt.

Kein intellektuelles Verstehen kann mit einer Empfindung verglichen werden. Empfindet ihr Liebe oder Hass, Zorn oder Kummer, dann wisst ihr genau, was das ist. Wenn ihr sagt: »Ich weiß, was Liebe bedeutet«, ohne jemals verliebt gewesen zu sein, ist das falsch. Habt ihr wirklich Liebe empfunden, dann kennt ihr sie. Ihr könnt sie vielleicht nicht erklären oder ausdrücken, aber ihr kennt sie, ihr kennt sie wirklich. Das bedeutet Erkenntnis. Es bedeutet, mit allem, was existiert, in Einklang zu schwingen. Wenn euer ganzer Körper in Einklang schwingt mit einer Wahrheit, mit einer Empfindung, mit einem Gegenstand, dann kennt ihr sie. Aus diesem Grund sollte die Hauptbeschäftigung des Schülers nichts anderes sein, als sich mit allen Geschöpfen der himmlischen Hierarchien in Harmonie zu bringen, damit er mit ihnen in Einklang schwingt. Wenn er Tag und Nacht auf diese Weise arbeitet, an dieser Harmonie, dann werden ihm unaussprechlich schöne und kostbare Empfindungen zuteil. Wer hingegen Verwirrung um sich verbreitet, wird eines Tages völlig zersetzt, zermalmt, weil er mit negativen, feindseligen, zerstörerischen Kräften arbeitet. Man sollte sich ein für allemal dazu entschließen, die Gesetze der Natur kennen zu lernen, aber auch zu lernen, wie der Mensch aufgebaut ist und in welchen Beziehungen er zu diesen Gesetzen zu stehen hat.

Wenn es euch gelingt, jemandes Herz zu berühren, dann berührt ihr sein ganzes Wesen. Berührt ihr seine Füße, seine Finger oder seine Ohren, dann hat das keine großen Auswirkungen auf ihn. Berührt aber sein Herz – und sein ganzes Wesen wird spüren, dass es erfasst ist, ergriffen ist. Ist man von jemandem tief ergriffen, dann sagt man oft: »Er hat mein Herz berührt.« Man sollte also das Herz berühren. Das Herz der Menschen, das Herz der Dinge, das Herz des Universums. Und das Herz des Universums, das könnt ihr nur durch die Harmonie berühren. Dank dieser Harmonie zieht ihr alle Qualitäten und Tugenden an. Sie werden euch zuströmen, weil ihr das Herz berührt habt und nicht nur die Peripherie, irgendwo da unten...

Und wirklich das Herz des Universums zu berühren, das gelingt euch nicht mit euren bescheidenen Qualitäten. Ob ihr geizig oder großzügig, nervös oder gelassen, zärtlich oder hart seid, das ist belanglos. Es gibt Menschen, denen es trotz all ihrer Tugenden nicht gelungen ist, das Herz des Ewigen zu bewegen. Man kann es nur berühren, wenn man mit Ihm in Harmonie kommt, mit Ihm in Einklang schwingt. Jeder versucht, an einer kleinen Qualität, an einer kleinen Tugend zu arbeiten, wie Geduld, Nachsicht oder Großzügigkeit. Das ist in Ordnung, aber es sind nur Bruchstücke angesichts der Unermesslichkeit, welche die Harmonie bedeutet. Natürlich ist es gut, großzügig, nachsichtig, gut, voller Sanftmut und Bescheidenheit zu sein. Aber viele, die diese guten Eigenschaften besitzen, leben noch in einem Zustand der Disharmonie. Diese Eigenschaften verhelfen ihnen eben noch nicht zur Vollkommenheit. Man sollte sie also beiseite lassen, sich sogar nicht einmal mehr darum kümmern. Ihr werdet einwenden: »Was Sie uns da raten, ist aber schrecklich! Nie hat uns die Religion so etwas gelehrt!« Lasst auch die Religion in Ruhe! Beschäftigt euch nur mit der Harmonie, denn sie ermöglicht euch den Zugang zu allen anderen Tugenden.

Wenn ihr an der Harmonie arbeitet und sie ausformt, sie lebt und um euch verbreitet, ist es nicht notwendig, dass ihr euch mit jeder einzelnen Tugend und Qualität beschäftigt. Ja, zum ersten Mal erkläre ich euch: »Versucht nicht, eine einzelne Tugend oder Qualität in euch zu entwickeln, dafür ist der Zeitaufwand viel zu groß, sogar ein ganzes Leben reicht vielleicht dazu nicht aus. Und wie werdet ihr es dann anstellen, um alle anderen zu entwickeln? Euer ganzes Leben werdet ihr dafür geopfert haben, um euch Nachsicht, Sanftmut oder Geduld anzueignen, und die anderen Eigenschaften vernachlässigt ihr dabei«.

Also sage ich es nochmals: Beschäftigt euch nicht mit dieser oder jener Tugend, sondern konzentriert euch auf die Harmonie. Mit einem Schlag wird sie alle Tugenden auf einmal zum Keimen bringen. So mache ich es. Ich lasse alle Tugenden in Ruhe, ich versuche weder großzügig noch geduldig noch nachsichtig zu werden; das lohnt sich nicht, es wäre reine Zeitverschwendung. Ich will nur in der Harmonie leben und merke, dass ich auf einen Schlag alle Möglichkeiten habe, die anderen Tugenden zu manifestieren. Denn diese Harmonie zwingt mich, intelligent, weise und verständnisvoll zu sein. Herrscht jedoch in eurem Inneren nur Tohuwabohu, dann versucht einmal, weise und liebenswürdig zu sein! Es wird euch nicht gelingen, eben weil ihr in einem fürchterlich disharmonischen Zustand seid!

Nun, das ist ein Thema, über das man nachdenken sollte. Harmonisiert alles in euch, dann werdet ihr fähig, mit so großer Weisheit und Intelligenz, mit solchem Scharfsinn zu handeln, dass ihr euch fragen werdet: »Woher kommt denn das?« Ja, ihr werdet Situationen klären, Lösungen finden, Ratschläge erteilen usw., denn ihr werdet durch die Harmonie gelehrt. Also misstraut der Disharmonie als dem allergrößten Feind, den ihr in euch einlassen könnt, denn hinterher ist alles verpfuscht, und keine Tugend kann euch mehr retten.

Die Harmonie ist also die Synthese aller Qualitäten und Tugenden zusammen. Arbeitet mit der Harmonie, dann berührt ihr das Herz der Dinge, die Universalseele, das Zentrum. Von dort kommen dann Befehle, Ströme, Kräfte, die alles umwandeln und organisieren. Ist man nicht in Harmonie, ist man aufgeregt, verkrampft, gereizt, dann kann man sich lange um eine gute Eigenschaft bemühen, es ist nichts zu machen: Alles Böse, was in einem steckt, kommt hervor, um zu beißen, zu stechen, zu schlagen, zu zersetzen. Wie viel Mühe man sich auch gibt, man kommt nicht richtig voran, weil man die Mutter aller Qualitäten, aller Tugenden vernachlässigt hat: die Harmonie. Die Harmonie bringt alles zum Aufblühen. Euer Blick und euer Ausdruck werden schöner, eure Gesten ausgewogener, eure Worte konstruktiver, eure Gedanken klüger. Es heißt immer, die Faulheit sei die Mutter aller Laster; aber über die Mutter aller Tugenden spricht man nie. Es ist die Harmonie.

Die Musiker werden natürlich von der Harmonie sprechen und euch in Erstaunen versetzen über die Vielfalt ihrer Erklärungen, aber sie werden euch die Harmonie nicht unter dem Aspekt der Einweihungslehre enthüllen. Vom rein musikalischen Standpunkt aus werdet ihr bei ihnen viel lernen. Jedoch die Harmonie auf die Weise zu beschreiben, wie ich sie euch gerade offenbart habe, eine Harmonie, die mit allen Tugenden, mit der Vollkommenheit und sogar mit der Gesundheit verbunden ist, dazu ist kein Musiker imstande. Ja, mit der Gesundheit, denn jede Disharmonie untergräbt eure Gesundheit und nagt an ihr. Wer das wirklich begreift, denkt nur noch daran, sich mit allen göttlichen Wesen und Intelligenzen in Einklang zu bringen. Er versucht diese Harmonie herzustellen und sie in alle seine Zellen einzuführen.

Einzig und allein die Harmonie vermag euch die Tür zu allen Segnungen und allen Schätzen des Himmels zu öffnen. Der Himmel ist nur über die Sprache der Harmonie zugänglich. Wenn ihr mit ihm sprechen wollt, ihn um etwas bitten wollt, ihn davon überzeugen wollt, dass er sich um euch kümmern soll, dann müsst ihr wissen, dass er keine andere Sprache versteht. Wie ihr es auch anstellen mögt, ob ihr ihm droht, ob ihr euch weigert in die Kirche zu gehen, um ihn sozusagen zu bestrafen, der Himmel bleibt unerschütterlich. Aber sprecht mit ihm in der Sprache der Musik, in der Sprache der Harmonie, die absolute Musik ist, Musik par excellence, dann leiht euch der Himmel sein Ohr und erhört euch. Im Himmel werden nicht mehrere Sprachen gesprochen, sondern nur eine einzige, die der Harmonie. Und wenn ihr seiner Sprache mächtig seid, dann gibt euch der Himmel eine Antwort und ihr bekommt alles in Hülle und Fülle.

Ihr bemüht euch in allen möglichen Bereichen, ich sehe es; denn ihr seid der Meinung, sie seien weitaus wichtiger und ihr wärt auf Grund dessen behüteter, geschützter, glücklicher, und die Harmonie lasst ihr beiseite. Aber vielleicht versteht ihr mich heute besser, weil ich euer Interesse berühre und euch zeige, dass ihr tatsächlich ein großes Interesse daran habt, mit der Harmonie zu arbeiten, ohne Unterlass, unermüdlich, wohlwissend, dass allein sie fähig ist, euch alles zu bringen, was ihr euch wünscht: Freundschaft, Liebe und ganz besonders die göttliche Präsenz. Wenn wir miteinander singen, kommen wir dieser vollkommenen Harmonie gewissermaßen nahe. Ihr habt schon mehrmals die Anwesenheit von himmlischen Wesen gespürt... die Harmonie eben zieht sie an. Sie schweben dann in unserer Mitte und verteilen Blumen und andere Geschenke... Ihr spürt etwas, aber ihr wisst nicht, was die Anwesenheit dieser Wesen wirklich aussagt. Bietet immer wieder all eure Bemühungen und eure Willenskraft auf, bis der Himmel zu euch kommt; und er wird kommen, ich versichere es euch. Er ist mit uns, er steht hinter uns. Ihr werdet Zeugen außergewöhnlicher Manifestationen sein, ihr werdet ein so unermesslich großes Glück empfinden, dass ihr es nicht einmal ertragen könnt: Denn so mächtige Ströme werden euch durchfließen, dass ihr in einer Ekstase von allergrößter Reinheit erschauert und erbebt.

Harmonie ist die Grundlage aller Erfolge und aller Verwirklichungen göttlicher Natur. Man sollte unentwegt daran denken, die Harmonie in sich einzuführen. Nur unter dieser Voraussetzung ist es möglich, sich mit Arbeiten zu befassen, deren Ergebnisse bis in die Ewigkeit hinein wirken. Aber bis zur Verwirklichung dieser Harmonie – welch eine Arbeit, wie viel Willenskraft und Konzentration sind da nötig! Ist es einem aber gelungen, dann kann man mit gewaltigen Kräften umgehen, zum Wohle der Menschheit. Fühlt ihr nicht, wie das ganze Universum, alle Kräfte der Natur mit mir übereinstimmen und mir beipflichten? Geht und beobachtet, und ihr werdet feststellen, dass die ganze Natur einverstanden ist und unterstreicht, was ich euch sage.

Bemüht euch jeden Tag um Harmonie mit der ganzen Schöpfung. Dafür harmonisiert ihr euch zuallererst mit dem Herrn, mit dem schöpferischen Prinzip, mit der Quelle allen Seins und sagt zu ihr: »Mein Gott, bis zu diesem Tage war ich weder weise noch unterrichtet, aber ich sehe meine Fehler und bin bereit, mich zu bessern. Ich bitte Dich um Verzeihung. Von nun an will ich mit Dir in Harmonie sein. Sende mir Dein Licht, damit ich Deine Gesetze nicht mehr übertrete. Erlaube mir, Dich zu schauen. Ich werde Dir gehorchen und Deinen Willen erfüllen!«

Dann wendet euch an die Engel und Erzengel: »Ihr brachtet mir so häufig Botschaften vom Schöpfer, die mich warnen oder zur Klarheit führen sollten, ich aber hatte mich im Strudel der Leidenschaften verstrickt und vernahm eure Stimme nicht... Ich bitte euch, mir weiterhin Licht zu senden, denn ich will euch gehorchen. Ich weiß, ihr seid Gottes höchste Diener, ich liebe und ehre euch.«

Wendet euch dann an die Meister und Wohltäter der Menschheit, an all diejenigen, die sich mit ihrem Leben und für Gottes Werk eingesetzt haben: »Ihr Meister, ich hörte nicht auf euch, denn ich glaubte, dass nur die menschliche Wissenschaft zählt. Jetzt sehe ich, dass ihr die Wahrheit, das Wesentliche erkannt und entdeckt habt. Ich will euch helfen und euch dienen. Sendet mir euer Wissen und eure Erkenntnis.«

Daraufhin bringt euch in Einklang mit der ganzen Menschheit und sagt: »Meine lieben Brüder und Schwestern, mögen Friede und Harmonie unter uns walten! Lasst uns unsere Schwächen und Unvollkommenheiten vergessen, all das Böse, das wir einander angetan, und lasst uns gemeinsam im Felde des Herrn arbeiten, damit die Erde in ein blühendes Paradies verwandelt werde, wo wir alle brüderlich zusammen leben werden.«

Nun wendet euch an die Tiere und sagt: »Ihr, die ihr zu Anbeginn der Schöpfung in Eintracht und Frieden mit uns lebtet, euch zu helfen ist unsere Pflicht. Denn ihr seid durch unser Verschulden grausam geworden oder wurdet in harte

Lebensbedingungen gedrängt. Ich sende euch Licht zu, damit ihr auf dem Weg der Weiterentwicklung schnell voran kommt.«

Danach sprecht zu den Pflanzen: »Oh, ihr Pflanzen, Bäume und Blumen, so reizend anzusehen, die ihr es hinnehmt, unbeweglich alle Unwetter zu ertragen, welch ein Beispiel gebt ihr uns. Ich danke euch für die Nahrung, die Schönheit und den Duft eurer Blüten. Ich sende euch meine liebevollsten Gedanken, ich möchte in Harmonie mit euch sein. Gebt mir eure Frische und Reinheit, und ich schenke euch meine Liebe.«

Und sprecht auch zu den Steinen: »Ihr, die ihr die Stütze der Menschheit seid, fester Grund, auf dem wir gehen, seit Jahrtausenden gebt ihr uns ein Beispiel der Beständigkeit und erlaubt uns, dass wir euch zur Errichtung unserer Häuser und vieler herrlicher Bauwerke benutzen. Gebt uns eure Kraft! Wir geben euch dafür die unsrige, damit ihr eines Tages erwachen mögt! Harmonie walte von nun an unter uns!«

Schließt die Augen und wiederholt mehrere Male an das ganze Universum: »Ich liebe euch, ich liebe euch, ich liebe euch, ich bin in Harmonie mit euch.«

Anmerkung

1. Siehe Band 235 der Reihe Izvor »Im Geist und in der Wahrheit – Wie finde ich zu Gott«, Kapitel 1: »Das Gerüst des Universums«.

# Kapitel 3

# Harmonie und Gesundheit

Dadurch, dass die Menschen frei und unabhängig vom Herrn leben wollen, widersetzen sie sich Seinem Willen und Seinen Plänen und begehen dabei von neuem die Sünde des Luzifer und der ersten Menschen. In diesem Verlangen nach Freiheit und Anarchie, sich gegen die Befehle des Ewigen aufzulehnen, darin liegt der Ursprung allen Missgeschicks der Menschheit. Das sollte man begreifen. Und das ist ganz einfach und klar, man kann es sogar in einem einzigen Satz zusammenfassen: Seitdem die Menschen die Verbindung mit der himmlischen Harmonie durchschnitten haben, bricht alles Unglück über sie herein. Und es wird sogar noch schlimmer werden, denn sie entfernen sich immer weiter von der Quelle, die Anarchie wird immer größer und sie haben vor nichts mehr Achtung. Am Ende wird es erschreckende Ausmaße annehmen. Überall, sei es auf religiösem Gebiet, sei es in spirituellen Lehren, alle sind angesteckt von den Keimen der Anarchie. Es sind katastrophale Ereignisse zu erwarten: Kriege, Krankheiten usw.

Außerdem solltet ihr Folgendes wissen: Je stärker sich der Geist der Anarchie in der Welt niederlässt, desto stärker verbreitet sich der Krebs. Die Ursache jeder organischen Krankheit liegt in einer Schwäche oder in einem Laster im Individuum selbst. Es sind die Menschen, welche die meisten ihrer Krankheiten selbst erschaffen. Nimmt die Nervosität zu, so kommt eine bestimmte Krankheit zum Vorschein; wird die Sinnlichkeit größer, kommt eine andere Krankheit hervor; nimmt die Disharmonie zu, so entsteht eine dritte Krankheit. Alle Krankheiten sind die Folge einer bestimmten Unordnung, und besonders der Krebs ist die Folge der Anarchie. Um sich also dagegen zu schützen, sollte man an der Harmonie arbeiten, jeden Tag an sie denken, sich mit der ganzen Menschheit, mit dem gesamten Universum harmonisieren. Natürlich kann man nicht unentwegt in dieser vollkommenen Harmonie leben. Man sollte aber immer bewusst und wachsam sein, sich wieder fassen, um jeden disharmonischen Zustand so rasch wie möglich aufzulösen. Denn ein solcher Zustand weitet sich aus bis hinein in die Zellen und es fällt dem Organismus immer schwerer, dieser dadurch geschaffenen Unordnung Widerstand zu leisten.

Natürlich ist jedes Organ unseres Körpers spezialisiert und befasst sich nur mit der Durchführung seiner eigenen Arbeit, ohne sich dafür zu interessieren, was die anderen machen. Man kann von einem Organ nicht erwarten, dass es sich mit dem Körper als Ganzes befasst. Damit also Harmonie und Wohlbefinden des Ganzen gewahrt bleiben, hat der kosmische Geist in jedem Menschen eine höhere Intelligenz eingerichtet, die alles überwacht und kontrolliert. Dank dieser Intelligenz werden die Bewegungen jedes Organs reguliert. Ihre jeweilige Spezialisierung wird so genützt und gelenkt, dass das richtige Funktionieren des Ganzen gewährleistet ist.

Der Mensch steht sozusagen wie ein Schiedsrichter zwischen seinen Organen und dieser Intelligenz, die er vom Himmel bekommen hat. Wenn er nun bestimmte Organe, wie z. B. den Bauch oder das Geschlecht, bevorzugt und dabei die Interessen des Ganzen vergisst, stellt er Anarchie in sich her und geht langsam zugrunde. Überlässt er aber dieser regierenden ausgleichenden Intelligenz die Oberhand, so fühlt er sich in einem harmonischen Zustand, der ihm ermöglicht, ohne Unterlass zu arbeiten und schöpferisch tätig zu sein.

Leider breitet sich heutzutage fast überall immer mehr eine Neigung zur Anarchie aus. Man kann fast sagen, es entstehen Schulen, in denen gelehrt wird, wie man alles in Unordnung bringt, um die Menschen in Zorn und Auflehnung zu treiben. Anstatt Viren zur Auslösung eines biologischen Krieges zu verbreiten – was die Vorwürfe der ganzen Welt gegen sie zur Folge hätte –, verbreiten manche Länder das Virus der Unzufriedenheit und der Auflehnung, um ihre Gegner zu zerstören. Und schon ist der Krebs da! Ganz unbewusst werden dann alle Protestler und Anarchisten zu Verbreitern dieses Virus. Alle spirituellen Bewegungen, alle Einweihungsorden hingegen, die für Frieden, Harmonie und Brüderlichkeit arbeiten, damit die Menschen einander verstehen, lieben und sich vereinen können, verbreiten Keime, die dieses Krebsvirus zunichte machen. Gäbe es diese Einweihungszentren nicht, so wäre die Menschheit schon längst verseucht. Ich weiß, dass nur wenige Menschen diese Idee akzeptieren werden. »Unsinn«, werden sie sagen, »es gibt keinen Zusammenhang zwischen Anarchie und Krebs, die Biologen sind anderer Meinung!« Schon gut! Sollen sie die Meinung der Biologen teilen. Ich wiederhole es aber: Krebs ist eine Folge der Anarchie, die sich auf der ganzen Welt verbreitet. Das ist die absolute Wahrheit, und deshalb müssen wir unaufhörlich an der Wiederherstellung der Harmonie arbeiten.

Es gibt so viele Menschen, die für die Zerstörung arbeiten und Berge von Schwierigkeiten und Finsternis anhäufen. Im Vergleich dazu findet man leider kaum eine Hand voll Leute, die verstehen, dass man sich zusammentun muss, um Harmonie herzustellen und um alles Missgeschick, das die Menschheit bedroht, zu verhindern; das sind nicht nur Kriege und Elend, sondern auch die Krankheiten. Und diese wenigen Menschen sind nicht dazu imstande, sich dem schädlichen Einfluss der anderen entgegenzustellen. Um auf der Erde etwas zu verwirklichen, ist die Quantität von Bedeutung, das heißt die Anzahl derer, die gut sind, rein, lichtvoll und fähig, an der Gestaltung einer universellen Bruderschaft teilzunehmen, deren Entschlüsse Gewicht haben in der kosmischen Waagschale. Anstatt das zu verstehen und sich zusammenzutun, anstatt sich an diesem großartigen Unterfangen zu beteiligen, bleiben die meisten Menschen dort stehen, wo sie sind; individualistisch und ausschließlich mit ihren eigenen Interessen beschäftigt.

Ein wahrer Spiritualist hingegen arbeitet für eine göttliche Idee. Sie ist es, die ihn unterstützt und belohnt. Diese Idee ist mit dem Himmel verbunden. Sie selbst stellt schon eine ganze Welt dar. Sie ist es, die ihm Freude, Begeisterung und Hoffnung bringt. Habt ihr keine göttliche Idee, für die ihr arbeitet, so werdet ihr – so viel Geld eure anderen Tätigkeiten auch einbringen mögen – weder Freude noch Glück empfinden, denn ihr seid nicht mit dem Himmel verbunden. Arbeitet ihr aber für eine göttliche Idee, dann wird euch immer ein Gefühl von Fülle zuteil, auch wenn niemand ‚danke' zu euch sagt, auch wenn niemand eure Mühe anerkennt. Das solltet ihr begreifen. Nehmt eine göttliche Idee in euch auf, arbeitet für diese Idee, und ihr werdet sehen, was sie für euch tun wird: Eure gesamte Existenz wird sich günstiger gestalten und sie wird sogar euer Leben verlängern.

Versucht also, die Macht und Wirksamkeit einer Idee zu erfassen, wie sie in euch wirkt, wie lebendig sie ist! Eine göttliche Idee bringt – wie keine andere – Anregung und Begeisterung mit sich, glaubt mir! Ich spreche nur über das, was ich an mir selber nachgeprüft habe. Alles, was ich euch sage, schöpfe ich aus meinen eigenen Erfahrungen.

Bei denjenigen, die für eine bestimmte Idee arbeiten, handelt es sich um sehr starke, sehr kräftige und sehr solide Menschen, und der Himmel zählt auf sie. Was die anderen anbelangt, die bummeln überall herum, einen Tag hier am anderen dort und begreifen niemals etwas wirklich. Unsere Lehre ist eine göttliche Lehre. Wir sollten für sie arbeiten, damit sich die Idee des Reiches Gottes auf Erden, die Idee von Harmonie und Liebe verbreitet. Dann werden sogar eure Krankheiten verschwinden. Ja, und ich versichere euch, es gibt auf der Welt wahre Ärzte und wahre Heiler, und das sind die Eingeweihten, denn sie suchen die Krankheiten an ihrer Wurzel. Die anderen greifen erst ein, wenn es schon zu spät ist. Man sollte die Menschen schon betreuen, bevor sie krank sind. Sobald die Disharmonie, das heißt Hass, Verleumdung, Boshaftigkeit, Eifersucht, Auflehnung usw. in sie eindringen, setzt die Krankheit schon ein. Denn Krankheit ist nichts anderes als Unordnung. Und wenn eine Unordnung auf eine andere trifft, was wollt ihr –, dann kommen sie gut miteinander aus! Herrscht hingegen ein harmonischer Zustand in euch, dann kann überhaupt keine Unordnung in euch entstehen, die Harmonie hindert sie daran. Das sind grundlegende Gesetze, die jeder kennen sollte.

Was tut ihr nicht alles in einem disharmonischen Zustand! Ihr umarmt eure Frau, eure Kinder oder eure Freunde, ob ihr nun traurig, aufgeregt oder gereizt seid. Selbst die wichtigsten Arbeiten verrichtet ihr in einem Zustand der Unordnung. Darin liegt der Grund zahlreicher Misserfolge.

Jeden Morgen beim Aufwachen solltet ihr den Tag damit beginnen, dass ihr euch mit der Welt der universellen Harmonie in Einklang bringt. Erst dann könnt ihr das Frühstück vorbereiten, eure Kinder umarmen und ankleiden, mit ihnen sprechen und an die Arbeit gehen. Wenn ihr ein Haus betretet, so sollte euer erster Gedanke sein: »Möge Harmonie und Frieden in diesem Hause herrschen!« Aber wie viele Menschen denken so? Sie treten einfach ein... und schon haben sie Zwietracht zwischen Mann und Frau, Eltern und Kindern usw. gesät. Und sieht man sich um auf der Straße, in Geschäften, überall, sogar in den Schulen, so bekommt man nur Leute zu sehen, die in einem disharmonischen Zustand leben und sich gegenseitig krank machen.

Viele bilden sich sogar ein, es sei eine Bestätigung ihrer Klugheit, ihrer Autorität, wenn sie immer gegen die anderen und uneins mit ihnen sind. Sie sind stolz, dass es ihnen gelungen ist, die gesamte Atmosphäre zu trüben. Es ist für sie der Beweis ihrer Macht. Das stimmt aber nicht, denn es ist allzu leicht, die Harmonie zu stören, es ist wirklich keine Kunst: Sagt nur ein verletzendes Wort, werft einen finsteren Blick um euch, führt eine bedrohliche Geste aus oder zerbrecht irgendeinen Gegenstand, und schon ist es geschehen! Aber wie viel Wissen und wie viel Arbeit sind erforderlich, um die Harmonie wiederherzustellen!

Die Gesetze der Harmonie sind die würdevollsten Gesetze, die es im Universum überhaupt gibt. Also solltet ihr immer wieder den Zustand, in welchem ihr handelt, genau ansehen und überprüfen. Dann werdet ihr verstehen, warum ihr in bestimmten Fällen keine guten Ergebnisse erzielt. Wenn ihr in keinem harmonischen Zustand seid, aber jemandem etwas Gutes tun wollt, dann sind die Bedingungen zur Umsetzung dieses Guten nicht günstig; ihr zerstört sogar noch etwas in der unsichtbaren Welt. Befindet man sich in einem disharmonischen Zustand, sollte man niemals etwas tun, vor allem keine Kinder zeugen. Die Eltern müssen wachsam sein: Um ein Kind zu zeugen, sollten sie sich in vollkommener Harmonie vereinigen, sonst wird die Hölle in Form von Krankheiten und Makeln in diesem Kind ihr Unwesen treiben, und die Eltern werden sich ihr Leben lang die Haare raufen. Allen möglichen Dingen widmet man Tage und sogar Monate, aber nicht einmal eine Minute, um untereinander Harmonie herzustellen, man sieht keinen Vorteil darin.

Wenn ihr krank seid, bedeutet das, dass ihr einen Zustand innerer Unordnung aufrechterhaltet: Ihr habt bestimmte Gedanken, bestimmte Gefühle, ein bestimmtes Verhalten genährt, und das wirkt sich auf eure Gesundheit aus. Und warum gerade in einem bestimmten Organ und nicht in einem anderen? Weil es mathematisch genau nach den Gesetzen kalkuliert ist, die ihr übertreten habt. Die beste Waffe gegen Krankheit ist die Harmonie. Wollt ihr wieder gesund werden, dann dürft ihr nur noch an Harmonie denken, euch Tag und Nacht allem Leben, dem unbegrenzten, dem kosmischen Leben anpassen, euch auf es abstimmen, mit ihm in Einklang, in Gleichklang schwingen. Darin besteht wahre Harmonie. Es reicht nicht, sich mit einigen Personen zu harmonisieren, mit seiner Frau, seinen

Kindern, seinen Eltern, seinen Nachbarn oder seinen Freunden. Man muss sich mit dem kosmischen Leben in Gleichklang bringen. Leider sind viele mit ganz mittelmäßigen Menschen in Einklang, aber in Missklang mit dem kosmischen Leben. Und ganz allmählich schleicht sich diese Disharmonie in sie ein und lässt sich in ihnen nieder, bis zu dem Tag, an dem die Krankheit ausbricht.

Wenn ich das zu euch sage, seid versichert, dass ich es auch mir selbst sage. Denkt bloß nicht, dass ich mich davon ausschließen will. Passiert mir etwas oder spüre ich einen Schmerz irgendwo, dann sage ich mir: »Siehst du, mein Lieber! Es ist dir noch nicht gelungen, diesen harmonischen Zustand, von dem du sprichst zu erreichen. Auf, an die Arbeit!« Also, alles was ich da erzähle, betrifft auch mich selbst. Ihr werdet sagen: »Bedeutet das nun, dass auch Sie noch nicht so fortgeschritten und weit entwickelt sind?« Nicht so sehr weit, das ist richtig, aber der Unterschied zwischen mir und vielen anderen besteht darin, dass ich mir über die Bedeutung der Harmonie im Klaren bin und die anderen noch nicht. Aber dass es auch in mir noch vieles zu säubern, zu reinigen, zu verwandeln, zu sublimieren, zu beleben und zu erneuern gibt, das ist selbstverständlich. Ich behaupte keineswegs, als vollkommenes Wesen auf diese Erde gekommen zu sein! Selbst die Eingeweihten bekommen Makel und Fehler mit. Wenn sie sich wieder inkarnieren, finden sie nur Familien, die ihnen ein ganzes Erbe an Unvollkommenheiten und Krankheiten mitgeben.

Ja, so ist es. Doch sie bemühen sich doppelt und dreifach, ja sogar hundertfach, um die Prozesse der Reinigung und Säuberung usw. zu beschleunigen. Deshalb verwirklichen sie diese Harmonie sehr viel schneller als die anderen. Das ist alles. Stellt euch nur nicht vor, in den Eingeweihten sei alles absolut rein, harmonisch und göttlich, wenn sie auf der Erde ankommen. Wo denkt ihr hin! Ich kenne die Wirklichkeit. Doch das ist nicht die Frage. Es geht darum: Man sollte niemals zu seiner Rechtfertigung sagen, dieser oder jener Fehler sei von den Eltern ererbt. Sagt nur: »Hätte ich es besser verdient, dann wäre ich in einer besseren Familie wiedergeboren. Es sind also nicht meine Eltern daran schuld, sondern ich selbst. Ich muss jetzt alles in Ordnung bringen, alles säubern und alles reinigen.« Und nach einiger Zeit fühlt ihr euch verjüngt, lichtvoll und strahlend. Ihr müsst nur entschlossen sein, ganz bewusst, und die Dinge ernst nehmen.

Wollt ihr dann noch wissen, ob ihr diesen Zustand der Harmonie erreicht habt oder nicht, ist das ganz einfach. Euer ganzes Wesen wird es euch sagen. Wenn alle eure Zellen in Einklang schwingen, werdet ihr nicht umhin können, es zu spüren. Wenn ihr Durst habt und dann auch trinken könnt, braucht ihr doch niemanden, um euch zu sagen, dass ihr keinen Durst mehr habt. Mit der Harmonie verhält es sich genauso: Ist es euch gelungen, diesen Zustand zu erreichen, so braucht euch das niemand zu sagen. Ihr werdet spüren, dass von allen Seiten wunderbare Kräfte zu euch hinfließen, dass eure Aura vibriert, dass ihr regeneriert seid. Andererseits braucht euch niemand zu sagen, in welchem erbärmlichen Zustand ihr euch befindet, wenn Unordnung und Chaos in euch herrschen, ihr wisst es längst selbst. Und angenommen es würde euch in diesem Moment jemand Komplimente machen, würdet ihr innerlich am liebsten vor Scham in der Erde versinken!

Ihr seht also, die unsichtbare Welt will uns mit Hilfe von Erfahrungen etwas lehren und keiner wird verschont. Nur verstehen die Menschen diese Sprache nicht; sie ziehen keine Schlussfolgerung daraus. Die wahre Arbeit besteht jedoch genau in diesen Erfahrungen. Man sollte über sie nachdenken und Schlussfolgerungen daraus ziehen. Dann kann man auf dem Weg der Spiritualität vorwärts kommen. Stattdessen macht man sein Leben lang immer dieselben unglücklichen Erfahrungen und unternimmt absolut nichts, um die Lage zu verbessern. Natürlich leidet man, natürlich ist man nicht stolz darauf, man ist jedoch an dieses Durcheinander gewöhnt und reagiert nicht; man vegetiert dahin. Nein, man muss sofort begreifen, dass man aus dieser Situation herauskommen muss. Dafür muss man über die Harmonie meditieren, sich Harmonie wünschen, sie sich herbeisehnen, sie lieben und alles mit ihr durchdringen, jede Bewegung, jedes Wort, jeden Blick. Warum ist das so schwer?

Selbst mit einer Lehre wie der unsrigen, die jedes Wesen, jede Seele, jedes Herz diesem lichtvollen Verständnis näher bringen kann, sind viele noch nicht bereit, diese Wahrheiten zu begreifen. Sie ziehen es vor, sich all diesen sich immer mehr ausbreitenden anarchistischen Strömungen zu öffnen, anstatt an der universellen Harmonie zu arbeiten. Das ist der Grund, warum ich nicht glücklich sein kann. Es geht dabei nicht um mich, weil ich die Harmonie in mir schon verwirklicht habe. Mein Glück ist aber nicht vollständig, denn mein wahres Glück zielt auf euer Glück hin und auf das Glück aller Menschen. Solange es sich nur darum handelt, meine eigene Arbeit zu machen, mich mit der Gottheit in Harmonie zu bringen, habe ich alles, was ich brauche. Ich bin absolut glücklich und in der Fülle. Meine Aufgabe beschränkt sich jedoch nicht darauf. Meine Arbeit besteht nicht darin, so zu sein wie viele Kirchenmänner, die nur das eine Ziel haben, ihre Seele zu retten. Ich muss mich darum bemühen, dass auch die anderen all das für sich selber verwirklichen können, was ich für mich verwirklicht habe. Doch es gelingt mir nicht. Ich versuche sie mitzuziehen, sie mitzureißen, aber sie verstehen mich nicht, sie folgen mir nicht. Deshalb kann ich nicht glücklich sein. Meine Aufgabe besteht nicht darin, selbst glücklich zu sein, sondern darin, alle Menschen an diesem Glück teilhaben zu lassen.

Würdet ihr euch bemühen, diese Wahrheiten zu verstehen und zu ergründen, würdet ihr zu derselben Vorstellung gelangen, zum selben Licht, zur selben Fülle, dann hätte ich Unterstützung und Hilfe. Gemeinsam könnten wir die ganze Erde grundlegend verändern, der ganzen Welt Gutes tun. Aber vielen gelingt es nicht, mir zu folgen, sie wollen mich nicht verstehen, das spüre ich. Sie haben alle möglichen Dinge in ihrem Kopf, die zu dem, was ich sage, im Widerspruch stehen. Das bereitet mir Kummer und macht mich traurig, versteht ihr? Es geht hier nicht um mich. Für mich selbst habe ich die Lösung vieler Probleme gefunden. Meine Arbeit jedoch, sie besteht nicht darin, einfach allein glücklich zu sein und den Willen Gottes zu erfüllen, sondern darin, auch euch alle mit mir in dieselbe Richtung mitzuziehen.

Also, anstatt eure Zeit für allerlei andere unwichtige Dinge wie Zerstreuung, eure Geschäfte, eure kleinen Liebschaften usw. zu vergeuden, solltet ihr euch von nun an mit der Harmonie beschäftigen, sie in eurem ganzen Wesen verwirklichen, damit all eure Zellen in Einklang miteinander schwingen. Nehmt zum Beispiel ein Orchester. Jeder hat schon einmal ein Orchester spielen hören; jeder weiß, dass die Harmonie des ganzen gestört ist, wenn ein einziger Mitwirkender nicht mit den anderen übereinstimmt. Nun, genau dasselbe Phänomen kann man im physischen Körper beobachten, im ganzen Menschen: Die Organe kann man mit Instrumenten vergleichen, die zusammen eine Partitur spielen müssen. Versucht einmal zu lesen, wenn ihr Migräne oder Koliken oder Zahnschmerzen habt, ihr werdet nichts begreifen, weil die innere Disharmonie euch daran hindert. Zuerst muss alles zur Ruhe kommen, dann könnt ihr wieder etwas verstehen.

Wie viele Dinge gibt es da in unserem täglichen Leben, die uns die Bedeutung der Harmonie nahe bringen! Sei es in einem Orchester, einem Chor, einem Ballett oder sogar bei einer Militärparade, alle müssen aufeinander abgestimmt sein. Alles in der Natur und im Leben lehrt uns, was Ordnung, Harmonie, Ästhetik bedeutet. Der Mensch jedoch hält weiterhin im Inneren Unordnung und Kakophonie aufrecht. Ja, ja, die Menschen, lasst mich in Frieden mit ihnen! Nie wollen sie sich mit den Gesetzen des Universums in Einklang bringen. Sie sind übrigens die Einzigen, die nicht mit ihnen in Harmonie sind! Die Tiere, die Insekten, die Pflanzen, sie alle sind es und auch die Naturgeister, die Engel... alle, nur die Menschen nicht. Ja, bloße Anarchisten sind sie.

Also macht euch auf, lasst alles beiseite und befasst euch ausschließlich mit der Ordnung, die Gott zu Anbeginn der Welt geschaffen hat, damit diese ursprüngliche Harmonie in euch wiederhergestellt wird. Sendet jeden Tag ein paar Minuten lang allen lichtvollen Wesen, die das Universum bevölkern, eure Liebe. Sprecht zu ihnen: »Ich liebe euch, ich bin in Einklang mit euch, ich möchte in alle Ewigkeit in eurer Harmonie leben.« Nach und nach wird sich diese Harmonie in euch ergießen, euch Licht und Freude bringen. Ihr werdet euch so stark und widerstandsfähig fühlen, dass ihr nicht einmal mehr Angst vor dem Tod habt. Ja, dank der Harmonie werdet ihr über den Tod siegen.

Nun, um die Harmonie anzuziehen und sie aufzubauen, muss man sie lieben. Solange ihr sie nicht liebt, ihrer nicht bedürft, werdet ihr sie auch nicht anziehen. Doch, ich spüre schon, dass ihr sie lieb zu gewinnen beginnt, dass ihr euch aufrichtig darum bemüht, diese Harmonie in euch und um euch herum zu schaffen. Macht weiter so, bis ihr eines Tages alle Veränderungen spürt, die aufgrund unserer Arbeit auf der ganzen Welt geschehen. Dank unseres Daseins hier sind wir dabei, die Atmosphäre der ganzen Erde zu verbessern und unzählige Menschen zu inspirieren, die dem Wirrwarr der heutigen Welt entgehen möchten. Ja, indem wir in dieser Harmonie leben, kosten wir nicht nur allmählich das Reich Gottes, sondern senden vor allem der Erde und bis hinauf zu den Sternen, Ströme, Schwingungen und Kräfte von solcher Macht und Herrlichkeit, dass die gesamte Menschheit früher oder später keine andere Wahl haben wird, als sich zu bessern, sich zu wandeln und im allgemeinen Wohlbefinden und im Frieden zu leben.

Anmerkungen

1. Siehe Band 210 der Reihe Izvor »Die Antwort auf das Böse«, Kapitel 1: »Die beiden Bäume im Paradies«.
2. Siehe Band 214 der Reihe Izvor »Liebe, Zeugung und Schwangerschaft«, Kapitel 8: »Die Sexualkraft, Bestandteil der Sonnenenergie« und Kapitel 9: »Die Zeugung eines Kindes«.
3. Siehe Band 4 der Reihe Kostproben »Der Mensch im Kosmos«.

# Kapitel 4

# Die spirituellen Grundlagen der Medizin

Die westliche Medizin mit all ihren Mitteln, die ihr heutzutage dank der Fortschritte der Chemie, der Chirurgie, der Strahlentherapie usw. zur Verfügung stehen, das alles ist großartig! Aber warum erkranken denn die Menschen immer mehr, anstatt gesund zu werden? Man fragt sich, ob es auf der ganzen Erde überhaupt noch zwei gesunde Menschen gibt, und immer noch entdeckt man neue Krankheiten. Ihr werdet natürlich sagen, solche Krankheiten habe es immer gegeben, sie seien aber nicht erkannt worden. Man konnte sie nicht diagnostizieren, folglich sich nicht damit befassen. Das ist ein klein wenig wahr, aber nicht ganz. Ich werde auch nicht, so wie viele andere, behaupten, sie seien allein der Luft- und Wasserverschmutzung oder der Denaturierung der Nahrung zuzuschreiben. Die Fabriken lassen ihre Abfälle ins Wasser abfließen, die Luft wird durch allerlei Gase und Rauch verpestet, Gemüse und Obst werden mit Kunstdünger angebaut und Öl, Zucker, Butter, Brot, alles ist denaturiert, verfälscht.

Das ist aber nur der materielle Aspekt des Problems, die wahren Ursachen der Krankheiten liegen nicht darin, sondern in der Art und Weise wie man denkt, fühlt und handelt. Über diesen Aspekt wird nie gesprochen. Es wird nie erklärt, dass dieser Gedanke oder jenes Gefühl Gärungen oder Vergiftungen nach sich ziehen. Man versucht Mängeln also mit Medikamenten abzuhelfen. Was man jedoch nicht weiß, ist, dass in Wirklichkeit Gedanken und Gefühle zerstörende oder aufbauende Wirkungen ausüben.

Seit kaum zwanzig oder dreißig Jahren beginnt man in Europa durch die psychosomatische Medizin die Rolle der Psyche bei Krankheiten zu erkennen und sich endlich mit der subtilen Seite des Menschen zu befassen. Sie war jedoch schon immer da, diese feinstoffliche Seite! Warum also versteifen sich die Ärzte in so vielen Fällen noch immer darauf, nur den materiellen, physischen Aspekt in Betracht zu ziehen? Vor vierzig oder fünfzig Jahren befasste man sich lediglich mit der Anzahl der notwendigen Kalorien, um die körperlichen Funktionen zu sichern. Es wurde nur von der Menge Eiweiß, Fett, Kohlenhydrate und Mineralstoffe gesprochen, die der Mensch mit seiner Nahrung zu sich nehmen sollte. Als später die Vitamine entdeckt wurden, redete man von nichts anderem mehr als von diesen. In winziger Menge genommen üben die Vitamine eine viel stärkere Wirkung aus als Eiweiß, Fette, Kohlenhydrate usw. Dann, als Letztes, ist man auf die endokrinen Drüsen aufmerksam geworden. Man hat herausgefunden, dass ihre höchst subtilen Ausscheidungen

– die Hormone – noch von viel größerer Wichtigkeit sind. Wie ausschlaggebend ihre Bedeutung auch sein mag, sie sind nicht verantwortlich für all das, was sich im Organismus abspielt. Sie führen nur die ihnen erteilten Befehle aus; sind sie aber blockiert, ihre Ausscheidungen zu reichlich, zu gering oder mangelhaft, so ist die Ursache in anderen, viel feinstofflicheren Funktionen zu suchen, welche die Forscher noch nicht entdeckt haben. O ja, es gibt noch vieles zu entdecken. Das Unsichtbare leitet das Sichtbare, die feinstoffliche Welt leitet die materielle Welt, der Geist leitet die Materie. Das haben die Menschen von heute noch nicht akzeptiert. Sie glauben, die feinstoffliche, psychische Seite hinge von der Materie, vom Physischen ab und die Gedanken z. B. seien Ausscheidungen des Gehirns, genauso wie die Galle von der Leber ausgeschieden wird. Tatsächlich ist es genau umgekehrt, denn Gedanken sind lebendige Wesen. Über dieses Thema habe ich jedoch schon gesprochen, ich werde nicht darauf zurückkommen.

Im Menschen sind Elemente enthalten, die ihn befähigen, Krankheiten die Stirn zu bieten. Das beweisen Fälle von Kranken, die von den Ärzten schon aufgegeben waren und die dennoch wieder gesund wurden. Und wie? Einfach durch ihre Willenskraft, mit Hilfe ihres Denkens. Das gelingt natürlich nicht jedem, man muss schon bestimmte Fähigkeiten dafür entwickelt haben, aber es ist möglich. Ich habe euch von bestimmten Pflanzen erzählt, deren Wurzeln nicht in der Erde verankert sind. Sie hängen einfach in der Luft und nehmen ihre Lebenskraft aus der Atmosphäre. Wie gelingt ihnen das? Wenn sogar Pflanzen unter solchen Bedingungen alle für sie notwendigen Elemente aufnehmen können, warum sollte dann der Mensch nicht umso eher dazu in der Lage sein! Die Chemiker werden sagen: »Es handelt sich eben um chemische Prozesse. Es geht immer um die Chemie!« Ja, natürlich, alles ist Chemie, aber die Chemie ist dem Geist untergeordnet. Der Geist ist fähig, heilende, chemische Elemente zu erzeugen. Diese Fähigkeit des Geistes hat aber die Medizin weder anerkannt noch akzeptiert, darin liegt eben ihr Irrtum.

Dennoch muss man anerkennen, dass sich die Medizin der wohltuenden Wirkungen der Harmonie auf die Gesundheit immer stärker bewusst wird. Immer häufiger kommt sie zu der Feststellung, dass viele Störungen ihren Ursprung in der Disharmonie haben, die im inneren Leben der Menschen entsteht: Disharmonie in ihren Gedanken, in ihren Gefühlen usw. Die Medizin und die Psychologie bezeichnen diese Störungen mit allerhand wissenschaftlichen Fachausdrücken. Ich selber verwende aber weiterhin eine einfache, einleuchtende Sprache: Ich nenne es Disharmonie. Beobachtet einmal, wie sich Harmonie und Disharmonie in allen Bereichen auswirken, bei allen Tätigkeiten, in allen Gesellschaftszweigen. Wie die hochtrabenden Ausdrücke dafür auch lauten mögen, man kommt immer wieder auf diese beiden Worte zurück: Harmonie und Disharmonie oder Ordnung und Unordnung.

Seit Jahrhunderten hat die Medizin erhebliche Fortschritte gemacht. Sie hat die Mittel entdeckt, um Pest, Cholera, Typhus, Tuberkulose usw. zu besiegen. Es ist ihr aber noch nicht gelungen, die Menschheit vor nervlichen Störungen zu bewahren, wie innere Unruhe, Angst, Nervosität, Depressionen usw., die ihrerseits eine schädliche Wirkung auf den Organismus haben. Ihr wisst übrigens auch, dass Krankheiten sich verlagern. War vorher ein bestimmter Teil des Körpers besonders betroffen, so kommt nun ein anderer Teil an die Reihe, z. B. das Nervensystem oder das Herz, und es gibt natürlich noch viele andere. Es handelt sich nicht immer um unheilbare Krankheiten, sie sind aber sehr verbreitet und manche, wie Polio oder Krebs usw. sind sehr schwer zu heilen.

Es freut mich zu hören, dass es in den medizinischen Kreisen doch zu einem Meinungsumschwung gekommen ist und dass immer häufiger ganz neue Tendenzen auftreten, die unserer Lehre sehr nahe stehen. Die von uns aufgestellten Theorien und Standpunkte stimmen mit denen der Einweihungswissenschaft überein, sie existieren seit Menschengedenken. Das beweist also, dass die offizielle Wissenschaft die grundlegenden Wahrheiten der Vergangenheit wieder aufgreift. In der letzten Zeit gab es so viele Einwände gegen Antibiotika und Chemotherapie, welche sich in einigen Fällen sehr negativ auswirkten, sodass die Ärzte ein wenig beunruhigt sind. Viele unter ihnen beginnen, sich der Homöopathie zuzuwenden, denn sie haben bemerkt, dass die allopathischen Ärzte, die sich nur mit der Krankheit befassen, den Menschen mit seinen individuellen spezifischen Eigenschaften dabei übersehen. Und noch etwas haben sie wahrgenommen: Wenn man die Mikroben und Viren, welche die Krankheit verursachen, ausrottet, vernichtet man auch die anderen, die dem Organismus nützlichen.

Die Medizin hat schließlich auch erkannt, dass sich der Mensch durch seine psychischen Fähigkeiten von allen anderen Lebewesen deutlich unterscheidet. Sie hat festgestellt, dass dieselben Arzneimittel sich nicht bei jedem Kranken in der gleichen Weise auswirken und dass man nicht allen, die an derselben Krankheit leiden, zwangsläufig dieselbe Arznei verordnen darf. Die guten Homöopathen befassen sich mit dem ganzen Menschen, bis in alle Einzelheiten; mit seinem Temperament, seinen Wünschen, seinen psychischen Zuständen und verordnen ihm das für ihn passende Heilmittel, das für einen anderen vielleicht nicht das richtige wäre. Sie haben außerdem gemerkt, dass für jeden Kranken eine Summe bestimmter Elemente berücksichtigt werden muss, die sie »Terrain« nennen. Bisher hatte die Medizin das Milieu, von dem aus sich die Krankheit ausbreitet, überhaupt nicht in Betracht gezogen, sondern sich nur mit der Krankheit selbst beschäftigt.

Heute besinnt man sich wieder auf die Prinzipien des Hippokrates. Hippokrates war ein griechischer Arzt, der die medizinische Wissenschaft in Ägypten und in Indien studiert hatte. Seiner Lehre zufolge sollte man dem Organismus vor allem die

Möglichkeit zur Selbstverteidigung schaffen, denn der Organismus, die Natur, weiß ganz genau, wie sie sich verteidigen soll. Sie stellt die notwendigen chemischen Elemente zur Neutralisierung der Krankheitserreger selbst her. Wenn der Mensch die Widerstandskraft seines Organismus erhöht, dann ist er so gut gewappnet, dass der Feind beim Anblick all dieser Maßnahmen plötzlich umkehrt. Der Beweis dafür sind Menschen, die sich zu Zeiten von Epidemien in aller Ruhe unter den Kranken bewegten, ohne jemals angesteckt zu werden. Andere hingegen, die allerhand Vorbeugungsmaßnahmen trafen, wurden dahingerafft. Warum? Weil die Mikroben bei den ersteren kein günstiges »Terrain« für ihre Vermehrung fanden. Der Mensch wird nicht von den Krankheiten überfallen, wenn sie sehen, dass die Verteidigung zu gut ist.

Mit Hilfe von natürlichen Mitteln wie Wasser und Sonnenbädern, Kräutertees, Ruhe, Reinigungsprozessen, Fasten usw. gelang es Hippokrates, den Organismus zu stärken. Heutzutage schlucken die Menschen dagegen Mengen von Medikamenten, die sie immer mehr schwächen und ihren Organismus daran hindern, sich selbst zu wehren. Sie zählen immerzu auf äußere Heilmittel und stärken dadurch nicht mehr ihre inneren Kräfte.

Bei jeder geringsten Unpässlichkeit stürzt man sich auf Medikamente; das ist nicht vernünftig. Warum versucht man nicht, zuerst eine natürliche Methode anzuwenden? Ihr habt euch z. B. eine Erkältung zugezogen und fangt an zu frösteln. Zieht euch aus und reibt euch tüchtig mit einem Handtuch oder einem trockenen Waschlappen oder auch mit einem Massagehandschuh ab. Dann zieht euch wieder an, trinkt mehrere Tassen heißes Wasser hintereinander und hüllt euch warm in Decken ein. Ihr werdet zu schwitzen beginnen und habt dann gute Aussichten, wieder gesund zu werden. Probiert meine Methode aus. Sie ist so einfach und ich habe sie unzählige Male erprobt. Verhaltet euch nicht wie die meisten Leute, die warten bis sie richtig krank sind und dann das ganze Arsenal der Medizin brauchen. Man sollte nie zu lange warten.

Und außerdem, Vorsicht, schluckt nicht irgendetwas, sonst wird euer Organismus bald den Überfällen, denen er ausgesetzt ist, nicht mehr die Stirn bieten können. Anomalien treten oft aufgrund von übermäßigem Einnehmen pharmazeutischer Produkte auf. Anstatt auf dem Gebiet der Chemie verstärkt weiterzuexperimentieren, sollte man lieber in andere Richtungen forschen, die Kranken ganz anderen Bedingungen aussetzen, um die in ihnen schlafenden Kräfte wieder zu wecken. Der Mensch ist so geschaffen, dass er alles Übel in sich selbst zu neutralisieren vermag. Es fehlt nur am nötigen Wissen und an der Willenskraft dazu. Mit einem Wort: an der kompletten spirituellen Seite.

Heutzutage ist allgemein anerkannt, dass Antibiotika und sogar die Strahlentherapie – die ultravioletten, infraroten und Kobaltstrahlen – ganz schädliche Nebenwirkungen ausüben. Ja, es wird experimentiert, ohne genau zu wissen, was damit ausgelöst wird. So wird für Forschungszwecke an vielen Kranken, ohne deren Wissen, experimentiert. Oder man benützt eben Tiere dafür. Was aber für Tiere gut ist, ist nicht zwangsläufig auch für den Menschen gut. Wie kann man sicher sein, dass das, was mit einer Maus oder einem Kaninchen gelingt, auch bei einem Menschen Erfolg haben wird? Die Struktur des Menschen ist von ganz anderer Natur als die von Mäusen und Kaninchen! Außerdem hat man nicht das Recht, tausende und abertausende von Tieren zu Experimentierzwecken zu töten. Das ist ein Verbrechen, für das die Menschheit eines Tages bezahlen muss.

Lest einmal, was in der Genesis steht. Nur für die Zeit Noahs hat Gott den Menschen erlaubt, Tiere zu töten. Adam und Eva hatte Er als Nahrung lediglich Kräuter und Früchte gegeben. Später, nach der Sintflut, als die Menschen ihre Unschuld und ihr Licht verloren hatten, erlaubte man ihnen, Tiere zu töten, um sie zu essen. Es wurde ihnen nur verboten, nach dem menschlichen Leben zu trachten, weil »des Menschen Blut nach Rache verlangt«. Ich selber bin der Meinung, dass sogar das Blut der Tiere nach Rache verlangt und darin auch die Ursache vieler neu auftretender Krankheiten liegt. In dem gleichen Maße wie das Blut der Tiere vergossen wurde, wird auch das Blut der Menschen vergossen werden. So will es die Gerechtigkeit.

Heutzutage besinnt sich allmählich ein Teil der Medizinwissenschaft wieder auf Hippokrates, auf die Natur. Man entdeckt zum Beispiel wieder die wohltuende Wirkung des Meerwassers und es werden immer mehr Thalassotherapiezentren am Meer gebaut. Das Meerwasser enthält alle für den Organismus notwendigen Elemente. Man findet darin dieselben Elemente wie im Blut. Dank dem Meerwasser konnten die Ägypter schon Plato wieder gesund machen. Den Babyloniern, Chinesen und Japanern war diese Therapie bekannt. Ich bin absolut damit einverstanden, denn sie deckt sich mit unserer Lehre, die den Menschen wieder ins Gleichgewicht bringen will, indem man aus dem unerschöpflichen Reservoir, der Natur, alles entnimmt, was dem menschlichen Organismus fehlt. Die letzten Entdeckungen der Wissenschaft haben bewiesen, dass der Mensch, so wie alle Geschöpfe, aus dem Meer entstanden ist, dessen Elemente man alle in im menschlichen Organismus wieder findet. Wenn er in Meerwasser taucht, wird sein Gleichgewicht wieder hergestellt, denn dieses Wasser war sein ursprüngliches Element.

Es ist auch sehr heilsam, Meerwasser zu trinken, es ist so, als würde man wahrhaft eine Blutübertragung vornehmen. Dieselbe Wirkung kann man auch mit Austern erreichen. »Aber«, werdet ihr sagen, »kann man denn diese Elemente nicht in Form von im Labor hergestellten Pillen nehmen?« Nein, das ist nicht dasselbe, denn im Meer sind die Elemente lebendig und werden so vom Organismus besser aufgenommen und assimiliert. Alles, was in der Fabrik und im Labor von Menschen hergestellt wird, ist nicht so sehr zu empfehlen. Einige behaupten, die im Meer enthaltenen Mineralstoffe seien vom Regen, von den Flüssen und von all dem anderen Wasser, das durch die Erdschichten gesickert ist, ins Meer gespült worden. Die jüngsten Forschungen haben jedoch gezeigt, dass es Jod und Bor sowie andere sehr seltene, im Meer entdeckte Elemente auf der Erde nicht gibt. Ihr Ursprung ist noch unbekannt.

Warme Meerwasserbäder wären die ideale Lösung, denn auf diese Weise dringt das Meerwasser leichter ins Blut ein, wie es kürzlich von der Wissenschaft bewiesen wurde. Diesem Wasser könnte man außerdem Algen hinzufügen, denn auch sie haben eine höchst heilende Wirkung. Auf diese Weise heilte meine Großmutter. Deshalb weiß ich seit gut sechzig Jahren, dass es möglich ist, durch heiße Kräuterbäder die Harmonie des Organismus wiederherzustellen. Es ist auch gut, Algen zu essen. Die Japaner essen Mengen davon; daher rührt ihre außergewöhnliche Widerstandskraft. Auf den Hawaii-Inseln, im pazifischen Ozean, habe ich Geschäfte gesehen, wo alle Arten von Muscheln, Krebsen, Fischen und auch Algen verkauft wurden. Algen von solch einer Form und Beschaffenheit und von solch einem Geschmack, wie ich sie noch nie gegessen hatte! Die Menschen kauften große Mengen davon, denn es gab sie im Überfluss. Ach! Wenn man sich nur Algen verschaffen könnte! In ihnen sind überhaupt alle nährenden Elemente enthalten. Sie sind natürlich in den Reformhäusern erhältlich, man sollte aber vorsichtig sein, denn man weiß nie, ob sie wirklich frisch sind und unter welchen Bedingungen sie zubereitet wurden. Man müsste selber diese Algen an ausgewählten Orten sammeln können. Das ist aber nicht so einfach, das Meer ist überall so verseucht!

Seht, wie inkonsequent die Menschen sind. Diejenigen, die die Thalassotherapie empfehlen, sind begeistert von den Ergebnissen, die die Anwendung von Meerwasser und Algen nach sich zieht. Doch sie fragen sich nie, woher diese vom Meer übermittelten Kräfte und Energien eigentlich stammen. Sie übersehen immer das Wesentliche, und das Wesentliche ist die Sonne! Sie ist es, der das Meerwasser und die Algen ihre Vitalität verdanken, woraus die Menschen schöpfen können. Die Sonne ist der wesentlichste Faktor, Meerwasser und Algen sind nur die Übermittler. Wäre das Meerwasser nicht durch die Sonne belebt, würde es keinerlei wohltuende Wirkung ausüben.

Im Denken der Menschen fehlt immer das Wesentliche, denn sie verfügen nicht über das wahre Wissen. Das heißt, sie denken niemals daran, dass alles, was auf der Erde existiert, seinen Ursprung in der Sonne hat. Ein Baum, was ist denn ein Baum? Nichts weiter als ein Speicher kondensierter Sonnenstrahlen. Verbrennt man einen Baum, dann kehrt das ganze Licht wieder zur Sonne zurück. Es bleiben nur einige Gase, Wasserdampf und ein wenig Asche übrig. Und auch das Meer ist, genauso wie der Baum, ein Speicher voller Sonnenstrahlen. Die Sonne schaut auf das Meer hinab und erfüllt es mit ihrem Leben. Wenn man dieses Wasser trinkt oder darin badet, nimmt man das Leben auf, das die Sonne dort hineingelegt hat.

In der Phyto- und Aromatherapie werden Pflanzen verwendet. Diese Therapien empfehle ich euch ebenfalls. Weshalb? Weil auch die Pflanzen die Fähigkeit besitzen, Elemente von der Sonne und von den Sternen aufzunehmen und zu konzentrieren. Ich habe unbedingtes Vertrauen in ihre Heilkräfte. Und wenn man weiß, wie sie dosiert und zusammengesetzt werden, entsteht dabei kein Schaden. Ich empfehle euch also, so oft wie möglich Pflanzen anzuwenden.

Die Chiropraktik, eine althergebrachte Wissenschaft, wurde von einem Amerikaner wiederentdeckt und wird nach und nach wieder in allen Ländern angewandt. Auch diese Therapie empfehle ich. Übrigens habe ich schon oft die Bedeutsamkeit der Wirbelsäule betont und gesagt, wie viele Krankheiten von deren Fehlerhaftigkeit herrühren, wie zum Beispiel die Verkrümmung, eingeklemmte Nerven oder beschädigte Wirbel. Die Organe werden durch die Nerven ernährt. Deshalb sollte man nicht zuerst die Organe behandeln, sondern die Nerven, von denen die Organe abhängig sind und die durch die Wirbelsäule laufen. Durch die Wirbelsäule stehen die Organe in indirekter Verbindung mit dem Gehirn. Sie stellt also eine Art Brücke dar zwischen dem Gehirn und den anderen Körperbereichen. Wenn sie nicht in Ordnung ist, zieht das alle möglichen Anomalien nach sich.

Man muss also die Verbindung wieder herstellen, indem man sich mit den Nerven befasst, die durch die Wirbelsäule laufen. Diejenigen, die sich mit diesem Wissen beschäftigt haben, konnten viele Krankheiten heilen. Es gelang ihnen sogar, Fälle von Taubheit zu heilen, die manchmal auf eine Anomalie der Wirbelsäule zurückzuführen ist.

Auch Magnetismus ist eine Therapie, eine der ältesten übrigens neben der Phytotherapie. Seit Menschengedenken haben die Eingeweihten durch Magnetismus geheilt. Seht, was in den Evangelien darüber steht: Jesus berührte die Kranken, und sie wurden geheilt. Wie machte er das? Er führte eine Kraft in sie ein, seine eigene Kraft, ein harmonisches, vollkommenes Fluidum. Es war, als führte er das Leben in sie ein. Und was macht das Leben? Genau das, was ein Lufthauch tut, wenn ihr atmet oder auch eine Blutübertragung: Das Gleichgewicht des Organismus wird wiederhergestellt. Berührt ein Eingeweihter einen Kranken, so wirkt sich das wie eine wirkliche Vitalitätsübertragung aus, weil er ein Leben voller Harmonie, ein Leben der Fülle lebt, ein göttliches Leben. Es ist, als gäbe er etwas von seinem Blut, und der Kranke wird unmittelbar geheilt. Magnetismus ist also die älteste Medizin, die Medizin der Eingeweihten, die durch den Kontakt heilen oder einfach durch einen Blick, durch ein paar Worte, ohne den Kranken zu berühren. Tatsächlich entspricht diese Methode dem Prinzip der Injektion, denn sie besteht ebenfalls darin, dem Körper etwas zuzuführen.

Es gibt noch viele andere Therapienformen. Schon vor dem Krieg haben sich manche für die Zelltherapie interessiert. Sie heilten, verlängerten Leben oder zögerten den Alterungsprozess hinaus, indem sie Zellen bzw. Zellanteile aus der Milz, der Leber, den Nieren, den Ganglien usw. bestimmter Tiere in den menschlichen Körper injizierten. Vor Jahrhunderten war die Zelltherapie schon bekannt, auch Paracelsus kannte sie. In Afrika und Amerika gibt es bekanntlich noch Stämme, die bestimmte Tierorgane essen, um sich die Eigenschaften dieser Tiere zu Eigen zu machen. Sie glauben zum Beispiel, man müsse das Herz des Löwen essen, um seine Kraft und Kühnheit zu erlangen, während derjenige, der ein Kaninchenherz isst, furchtsam wird. Selbstverständlich kann man durch die Zelltherapie gewisse Erfolge erzielen. Es handelt sich dabei aber um eine Art schwarze Magie, denn sie verlangt das Opfern lebendiger Geschöpfe. Ich empfehle sie also nicht. Sie hat oft Heilung zur Folge, das ist richtig; dennoch sollte man andere Methoden finden. Voronoff z. B. führte die Transplantation von Affendrüsen durch, um die Sexualkraft des Menschen wieder anzuregen. Aufgrund verschiedener Beobachtungen hat man diese Methode jedoch wieder aufgegeben. Denn sie erweckte im Menschen zu stark seine tierische Natur. Jedenfalls ist das Entnehmen von Tierzellen zu humanmedizinischen Zwecken nicht empfehlenswert. Ich rate davon ab.

Alles, was zu der Wissenschaft, die ich studiert habe, also zur Einweihungswissenschaft, in Widerspruch steht, lehne ich ab. Sie berücksichtigt den Menschen als Ganzes und nicht nur einen Teil dieses Wesens: die Leber, die Milz oder das Herz. Hippokrates sagte schon: Unordnung in einem Teil des Körpers bedeutet die Störung des ganzen Organismus. Man muss also die Gesamtharmonie wieder herstellen und der kranke Teil wird vom Organismus selbst geheilt. Alle Tabletten, Spritzen, Antibiotika usw. bleiben wirkungslos, wenn der Mensch durch seine Gedanken und Gefühle weiterhin Unordnung in sich selbst aufrechterhält.

Manche Methoden, mit deren Hilfe man Menschen und Dinge erforscht, trennen diese von der Ganzheit, von der Einheit des Universums ab, sie töten sie. Auch mit diesen Methoden bin ich nicht einverstanden. Auf diese Weise erlangt man keine ganzheitlichen Vorstellungen. Analysieren, Zerlegen – das ist eine schlechte Methode. Ich habe es schon oft gesagt: Um die Dinge zu erforschen, darf man sie nicht vom Baum des Lebens loslösen, denn so losgelöst zerstört man ihre Schönheit, ihr Licht, ihre Ausstrahlung und ihre Vitalität. Man versetzt sie in den Zustand von Kadavern. Und diese Kadaver studiert die Wissenschaft dann. Sie versteht sich noch nicht darauf, das Leben selbst zu erforschen. Manchmal stelle auch ich Analysen an, aber nur, um euch dann besser zur Synthese hinführen zu können. Mit der Analyse gebe ich mich nicht zufrieden, denn sie allein führt zu nichts anderem als zur Auflösung.

Nehmt ihr eine Uhr auseinander, so könnt ihr alle ihre Bestandteile sehen, nur – sie geht dann nicht mehr. Die Biologen sind über die Elemente, aus denen ein Mensch besteht, ebenso gut unterrichtet. Sie sind jedoch nicht fähig, aus diesen Elementen einen Menschen zusammenzusetzen, ein Wesen, das denkt, lebt, geht, handelt. Die Elemente stehen zur Verfügung, aber das Wesentliche fehlt: Das Leben, das die notwendigen Dosierungen, Kombinationen und Voraussetzungen kennt, damit alles im Organismus reibungslos abläuft. Man muss das Leben herbeirufen, denn nur das Leben weiß, wie man im Magen, im Gehirn, in der Lunge, überall im Körper wieder Harmonie herstellen kann. Das können die Biologen nicht, weil sie sich nicht mit dem Leben befassen, sondern allein mit der Materie. Solange sie auf ihrer materialistischen und mechanistischen Weltanschauung bestehen, mit welcher sie die Dinge von der kosmischen Einheit abtrennen, wird es ihnen nicht gelingen, die Menschheit vor Krankheiten zu schützen. Natürlich haben sie ein edles Ideal, bringen große Opfer und besitzen einen durchdringenden Verstand und außerordentliche Fähigkeiten, dennoch ist ihre Philosophie falsch. Aus diesem Grund entgeht ihnen noch vieles.

Alles, was ich euch offenbare, steht in Einklang mit der großartigen Philosophie, die mir überliefert wurde. Eines Tages wird die ganze Welt sie annehmen. Die Wissenschaft sieht sich immer mehr veranlasst, auf die Wahrheiten der Vergangenheit zurückzugreifen. Lange haben z. B. die Chemiker die Alchimisten ausgelacht, weil diese behaupteten, sie könnten Blei in Gold verwandeln. Dann entdeckten sie jedoch, dass die Ordnungszahl des Bleiatoms 82 und die des Goldes 79 ist und man nur drei Elektronen, drei Protonen und ein paar Neutronen vom Blei wegzunehmen braucht und Gold daraus entsteht. Leider ist es noch unmöglich, dieses Gold in großen Mengen zu erzeugen, denn es ist noch unbeständig und das Herstellungsverfahren extrem kostspielig. Die offizielle Wissenschaft wird also ins Wanken gebracht und es erwacht allmählich das Interesse für Phrenologie, Telepathie, Radiästhesie usw. Bald wird sogar die Astrologie als Wissenschaft anerkannt werden. Von all diesen Wahrheiten, die wir schon seit langem dargelegt haben, werdet ihr eines Tages überall sehen, hören und lesen können. Mehr und mehr wird die Wissenschaft merken, dass unsere Vorfahren ohne Teleskope oder Mikroskope wesentliche Entdeckungen machten. (Wer lehrte sie das?) Dann wird sie sich daranmachen, alles, was die Eingeweihten lehrten, ernsthaft zu erforschen. Daraus wird sich eine große Umwälzung ergeben: Die Wissenschaft des Lebens, die Synthese, wird gelehrt werden. Dann kann das Reich Gottes zustande kommen. Aber solange die Festung der offiziellen materialistischen Wissenschaft noch nicht auf den Kopf gestellt und durch die Wissenschaft der Eingeweihten ersetzt ist, waltet weiterhin das Chaos.

Nun will ich euch zeigen, warum die von der esoterischen Wissenschaft empfohlene Medizin alle anderen übertrifft. Gewöhnlich studieren die Ärzte in Fakultäten, die stets der physischen Seite den Vorrang geben. Dabei übersehen sie immer wieder die Gedanken und Gefühle, das Verhalten, die Lebensweise, wo doch genau all das an erster Stelle stehen sollte. Die wahre Therapie ist unsere Lebensweise; alle anderen sollten an zweiter, dritter oder vierter Stelle folgen...

Die psychosomatische Medizin erforscht die Verbindung zwischen Psyche und physischem Körper und ihre Wechselwirkungen. Diese psychosomatische Medizin gewinnt immer mehr an Boden, das ist erfreulich. Aber es wäre noch wirkungsvoller, wenn ihre Theorien auf einer Philosophie, auf einer Gesamtschau basieren würden, die der Wahrheit entspricht. Diese Gesamtschau nimmt den Menschen als Ansatzpunkt, denn der Mensch ist die Grundlage von allem. Es kann in keinem Bereich zu einem Fortschritt kommen – sei es wissenschaftlicher, ökonomischer, sozialer, psychologischer oder medizinischer Art usw., solange die Struktur des Menschen, seine inneren Kräfte ebenso wie seine Wechselbeziehungen mit dem Universum, unbekannt bleiben. Das alles hat die esoterische Wissenschaft über Jahrtausende hinweg erforscht.

Viele Wissenschaftler betrachten den Menschen als eine Maschine. Sie haben ihn sogar lange mit einem Mechanismus verglichen, ohne eine Ahnung davon zu haben, dass in ihm völlig unbekannte Kräfte, Wesenheiten und Intelligenzen wohnen, welche neue Elemente im Organismus zu erzeugen vermögen. Sie wissen nicht, dass der Mensch feinstoffliche Körper besitzt. Sie wissen nicht, worin Denkvermögen und Willenskraft bestehen, und noch weniger wissen sie von Seele und Geist mit ihren jeweiligen Kräften. Wie können sie sich nur einbilden, sie seien mit all diesen Wissenslücken fähig, den Menschen zu heilen? Das ist unmöglich. Die physische Ebene ist natürlich wichtig, man sollte aber auch sein Augenmerk etwas höher richten, dorthin wo sich andere Existenzen, andere Wesenheiten befinden. Meine Aussage beruht auf wahrem Wissen und die Menschheit wird es eines Tages wohl anerkennen müssen. Der Mensch ist mehr als das, was man zu berühren und zu sehen bekommt. Er kennt sich selber nicht, und die Medizin kennt ihn auch nicht. Ja, unsere Medizin befasst sich immer noch mit den Menschen, die sie überhaupt nicht kennt. Wie könnte sie also zu richtigen Ergebnissen kommen?

Zuallererst muss man wissen, dass der Mensch über seinen physischen Körper hinaus noch andere Körper von feinstofflicher Natur besitzt: den ätherischen Körper, der den physischen durchdringt und Träger der Vitalität und des Gedächtnisses ist. Dann den Astralkörper, d. h. den Körper der Gefühle und der Emotionen. Und dann den Mentalkörper. Ich habe oft von diesen verschiedenen Körpern gesprochen: dem Äther-, Astral-, Mental-, Kausal-, Buddhi- und Atmankörper und werde heute nicht darauf zurückkommen. Stellen wir uns z. B. jemanden vor, dessen ätherischer Körper in gestörter Verbindung zum physischen Körper steht. Obgleich er sich nicht wohl fühlt, wissen die Ärzte nicht, was mit ihm los ist, denn sein physischer Körper ist in Ordnung. Ja, man weiß mit dem ätherischen Körper noch nicht richtig umzugehen. Solange die Ärzte die Existenz der feinstofflichen Körper des Menschen nicht kennen, sollten sie nicht auf die Heilung von Krankheiten hoffen!

Als Allerersten muss also der Mensch erforscht werden, denn er ist der Schlüssel zum Universum. Solange man diesen Schlüssel nicht besitzt, findet man sich immer weiter unlösbaren Problemen gegenüber. Die Forscher müssen nun dem Menschen den Vorrang geben. Dann werden sie seine unsichtbaren Komponenten vollständig entdecken: seine Aura, seine Emanationen, seine Schwingungen, seine Wechselbeziehungen mit allen Wesenheiten, welche in der Natur und in den verschiedenen Welten beheimatet sind, seine Fähigkeiten, sich im Raum fortzubewegen, wie er Schwingungen auffängt, wie er aus der Ferne sehen und handeln kann. Dann wird sich alles ändern. Beschäftigt man sich mit dem Menschen, dann berührt man das Herz der Dinge, denn der Mensch ist tatsächlich der Schlüssel zu allen Geheimnissen.

Welche Therapie sollte nun vorrangig sein? Alle diejenigen, die ich gerade aufgezählt habe. Die Chemo-, die Phyto-, die Thalassotherapie und die Chiropraktik sind aber nicht die wichtigsten. Die beste Therapie besteht darin, in tiefer Harmonie mit den Kräften und lichtvollen Wesenheiten der Natur und des ganzen Kosmos zu denken, zu fühlen und zu handeln. Der Mensch sollte also diese Kräfte, diese Wesenheiten anerkennen und sich mit ihnen in Einklang bringen. Das ist die erstrangige Medizin.

Natürlich lehne ich die anderen nicht ab. Wenn ein Kranker in großer Gefahr schwebt, ist das nicht der geeignete Moment, ihm zu predigen, er solle seine Lebensweise ändern. In solchen Fällen ist oft ein rasches Handeln vonnöten, sei es die Verabreichung von Antibiotika, eine Blutübertragung oder sogar eine Operation. Dennoch sollte man wissen, dass die wirksamste Medizin überhaupt die tägliche Lebensweise ist. Anders gesagt, die Art, wie man denkt, fühlt, glaubt, liebt, sich ernährt usw.

Anstatt sich ständig auf die Krankheit zu konzentrieren, ist es viel wichtiger, sich mit der Gesundheit und den für sie entscheidenden Faktoren (der Atmung, der Ernährung, dem Verhalten) zu befassen und ebenso damit, dass die Gesetze, welche die Gesundheit aufrechterhalten, allen gelehrt werden. Dann wird kein Milliardenaufwand mehr zur Errichtung kostspieliger Forschungslabors und Krankenhäuser nötig sein, wozu man heutzutage immer noch gezwungen ist.

Oft werden Ärzte in Radio und Fernsehen interviewt. Leider sprechen sie aber nie über die Lebensweise. Sie berichten über neue Behandlungen, Impfstoffe, Bestrahlungen, Operationen usw. und die Leute bekommen so den Eindruck, sie könnten leben, wie es ihnen gerade einfällt, ohne irgendwelche Regeln zu respektieren, sich allerlei Ausschweifungen hingeben; das ist doch alles nicht von Bedeutung! Die Medizin wird schon ein Mittel finden, um sie wieder gesund zu bekommen, damit sie ihr zügelloses Leben weiterführen können. So sind die Regierungen immer weiter mit ungeheuren Ausgaben für das Gesundheitswesen belastet... bis man endlich zu der Erkenntnis kommt, dass das Wesentlichste, das Einfachste überhaupt, die Art und Weise gewesen wäre, wie man lebt.

Und doch kann man nicht umhin, manche Ärzte mit ihren Entdeckungen und ihrer Opferbereitschaft zu bewundern, ihre Leistungen sind wirklich großartig! Dennoch blieben viele ihrer Bemühungen ergebnislos, weil sie nicht wussten, in welche Richtung sie forschen sollten. Einige werden schon einwenden: Wenn Gesundheit und Krankheit so sehr von der Lebensweise abhängig sind, dann dürften Kinder nicht krank werden, denn sie hatten ja noch keine Zeit für schlechte Gedanken oder Gefühle oder für verwerfliche Handlungen. Dem Anschein nach ist das richtig, aber nur für diejenigen, die nicht wissen, dass der Mensch mehr als einmal auf der Erde wiedergeboren wird. Ist ein Kind krank, so ist diese Tatsache auf seine Lebensweise in früheren Inkarnationen zurückzuführen. Es hat es verdient, bei den Eltern, die ihm diese bestimmten Belastungen vererbt haben, wiedergeboren zu werden.

Solange man die Einweihungswissenschaft nicht eingehend studiert hat, kann man über die wirklichen Ursachen der Dinge nicht urteilen und zieht folglich falsche Schlussfolgerungen. Eine Regel ist immer gültig: An die erste Stelle die Lebensweise zu stellen, die Art wie man denkt, fühlt und handelt. Solange ihr das nicht begreift, könnt ihr in diesem Leben nichts wiedergutmachen und werdet sogar noch ungünstige

Voraussetzungen für eure zukünftigen Inkarnationen schaffen. Nehmt also all diese von den großen Eingeweihten gelehrten Wahrheiten an und sagt euch: »Da ich vieles noch nicht verstanden habe, werde ich der göttlichen Wissenschaft vertrauen und meiner Lebensweise den Vorrang einräumen«. Anschließend könnt ihr nach Belieben alle anderen Therapien hinzufügen. Aber an erster Stelle sollte die Lebensweise stehen, das betone ich nochmals.

Es gibt noch eine Therapie, die ich vorher nur indirekt angedeutet habe, nämlich die Sonnentherapie. Es wird ein Tag kommen, an dem sich die gesamte Menschheit der Sonne zuwenden wird. Sie ist eine unerschöpfliche Quelle. Sie wird die vollständigsten Genesungen zustande bringen, jedoch nach der Lebensweise, die immer vorrangig sein wird. Wenn die Menschheit eines Tages nach den göttlichen Gesetzen lebt, werden alle Kliniken und Krankenhäuser überflüssig. Heute spricht man nur ständig von der Errichtung neuer Krankenhäuser, weil es immer mehr Krankheiten und Kranke gibt, weil die Menschen immer stärker auf die falsche Weise leben und denken. Sie sind immer belesener und gelehrter und erkranken doch immer häufiger. Das ist direkt unheimlich. Denn einerseits ist eine bestimmte Entwicklung spürbar, anderseits aber... wie soll ich es ausdrücken... auch ein Rückgang. Einer solchen Situation ist nicht mit materiellen Elementen abzuhelfen, denn Gott hat der Materie keine absolute Wirksamkeit gegeben. Die Materie bleibt immer nur eine unzureichende Maßnahme.

Man stellt dem physischen Körper die notwendigen Nahrungsmittel und Getränke zur Verfügung. Doch der Mensch besteht nicht nur aus dem Körper: Er ist Geist und Seele; und Geist und Seele können nicht mit Fleisch, Gemüse oder Hormonen ernährt werden! Die Wissenschaft hat aber keine Vorsorge getroffen, um die Bedürfnisse von Seele und Geist zufrieden zu stellen. Sie verhungern, verdursten und leiden. Deshalb begegnet man so vielen Menschen, denen es scheinbar an nichts mangelt. Sie haben einen Beruf, eine Familie, ein Haus, ein Auto. Im Kern ihres Wesens jedoch herrscht ein Gefühl der Unzufriedenheit, der Leere. Das beweist, dass sie ihre Seele vernachlässigt haben. Und was ihren Geist anbelangt – darüber schweigen wir lieber! Die Medizin der Zukunft wird alle Bedürfnisse des Menschen, bis hin zu Seele und Geist, in Betracht ziehen müssen, um die ihm fehlenden Elemente zu bringen.

Ihr solltet mich also richtig verstehen. Unsere Lehre verschafft euch weder Häuser noch Autos noch Kleidung. Aber ihr findet darin alles, was eure Seele und euren Geist erfüllt. Und wenn Seele und Geist erfüllt sind, dann wirken sie auf den physischen Körper und setzen in ihm neue Prozesse in Gang. Dann geht der Körper stolz, mit erhobenem Haupt einher, auch wenn er nicht sehr schön gekleidet ist oder schlecht gegessen hat. Ja, unsere Lehre bringt euch und für eure Ausgeglichenheit und euer Glück die kostbarsten und unerlässlichsten Elemente.

Es ist bekannt, dass viele Kranke durch einige gute Worte von ihrem Arzt geheilt werden könnten. Da er es aber eilig hat, begnügt er sich mit einem Rezept und geht. Liebe, Hoffnung und ermunternde Worte zählen für viele Ärzte nicht. Viele Kranke bringen sie sogar dadurch um, dass sie ihnen sagen, sie würden nie mehr gesund werden und hätten nur noch ein paar Monate oder ein paar Tage zu leben. Dennoch sind sich manche Ärzte im Klaren über die Bedeutung menschlicher Beziehungen zwischen Arzt und Krankem, denn es sind nicht allein die Medikamente, die zur Genesung beitragen. In der Vergangenheit waren viele Ärzte wirkliche Apostel, heute sind sie oft nichts weiter als Söldner. In den U.S.A. kommt es sogar oft vor, dass die Kranken den Arzt überhaupt nicht zu sehen bekommen. Elektronische Geräte stellen die Diagnose und je nach den Ergebnissen trifft er mit dem Arzt zusammen oder eben auch nicht. Das Rezept wird ihm dann mit der Post zugeschickt. Der menschliche Kontakt wird immer seltener, alles wird mechanisiert und die Liebe wird ausgeklammert. Was aber heilt, ist doch genau die Liebe.

Aber eines Tages wird sich alles ändern. Die Menschen werden endlich herausfinden, dass das, was ihnen fehlt, eben Liebe, Hoffnung und Vertrauen ist, Zweifel, Verdacht, Zwist und Disharmonie hingegen alle krank machen. Aus diesem Grund betone ich immer wieder: Die wirksamste Medizin ist eure Lebensweise. Natürlich kann ich euch nicht versichern, dass sie so schnell wirkt wie ein

Medikament. Wenn ihr ein Pulver einnehmt, könnt ihr beinahe sofort ein Ergebnis feststellen. Hält es aber lange an? Und der Organismus? Toleriert er diese Medikamente über längere Zeit? Die von mir empfohlene Medizin arbeitet langsam, ist aber auf Dauer die zuverlässigste und die wirksamste. Nur setzt sie voraus, dass der Mensch sich eine rechte, wahrheitsgetreue, allumfassende Philosophie zu Eigen macht, denn alles Übrige hängt von unseren Gedanken ab.

Wenn ich von Philosophie spreche, meine ich damit einzig und allein die Philosophie, die nicht das Ergebnis eines intellektuell konstruierten Gebäudes ist, sondern von den großen Eingeweihten dank ihrer außergewöhnlichen Fähigkeit im Bereich des Hellsehens und der Fähigkeit, aus ihrem Körper auszutreten, entdeckt wurde. Und ich kann euch sagen, dass der Himmel mich als einen der Erben dieser göttlichen Philosophie auserwählt hat. Ohne diese Philosophie kann man den richtigen Weg nicht erkennen. Was immer man auch tut, man verirrt sich. Deshalb setze ich sie an die erste Stelle, denn sie zeigt uns, wie man mit allen Kräften und allen Welten des Kosmos in Harmonie lebt, damit es in uns keine Kämpfe und Widersprüche mehr gibt. Diese Philosophie enthüllt uns auch die Struktur des Menschen und die erforderlichen Wechselwirkungen seiner Seele und seines Geistes mit den Kräften der Natur. So wie bei der Atmung. Auch die Atmung ist eine unerlässliche Wechselbeziehung. Und wenn der Mensch nicht mehr dazu in der Lage ist, dann stirbt er. Er stirbt ebenso, wenn seine Seele und sein Geist nicht atmen, d. h. in keiner Wechselbeziehung zum Kosmos stehen.

Denkt also daran, euch mit den Kräften der Natur zu verbinden. Dann wird euch ein Licht leuchten, das euch hilft, das Universum als ein Gefüge zu sehen, als ein wunderbares Gebäude, in dem alles – von ganz oben bis ganz unten – miteinander verbunden ist. Dann könnt ihr vieles in euch wieder in Ordnung bringen. Warum würdigt ihr die Wahrheiten nicht, die ich euch offenbare? Weil ich nicht berühmt und anerkannt bin? Was mich betrifft, ich interessiere mich nur dafür, die Wahrheit zu erkennen. Dem habe ich mein ganzes Leben geweiht. Alles andere, ob Ehre oder Berühmtheit, interessiert mich nicht besonders. Beides wird übrigens von selbst kommen, ohne mein Zutun. Denn wenn ihr in der Wahrheit seid, wird man euch früher oder später anerkennen. Und wenn ihr im Irrtum seid, wird man es schließlich auch merken. Selbst wenn man euch Beifall gezollt hat, wird man euch eines Tages vergessen. Nein, nein, ich arbeite für etwas, das weder vergessen noch ersetzt werden kann.

Das Wichtigste ist also zu lernen, wie man leben, denken, fühlen und handeln soll. In anderen Vorträgen habe ich euch den Entstehungsprozess der Pflanzen und der Fische erläutert, sogar auch den des Kindes im Mutterleib. Ich habe dabei über das Gesetz der Affinität gesprochen und euch dargelegt, wie der Mensch sich mit Hilfe seiner Gedanken und

Gefühle mit den entsprechenden Regionen, Wesenheiten, Kräften und Elementen des Raumes verbindet, wie er sie schließlich anzieht. Ja, der Mensch zieht immer das an, womit er sich verbunden hat, das ist ein absolutes Gesetz. Auf diese Weise lassen sich Gesundheit und Krankheit, Kraft und Schwäche, Intelligenz und Dummheit, Schönheit und Hässlichkeit usw. erklären. Es sind alles Elemente, die er selbst angezogen hat.

Steckt ihr also in Schwierigkeiten, so kommt es zweifellos daher, dass ihr in der Vergangenheit durch eure Unwissenheit die Ordnung der Dinge gestört habt. Durch diese Philosophie der Einweihungslehre, die euch lehrt, an euren Gedanken und Gefühlen zu arbeiten, seid ihr imstande, mit den spirituellsten Wesen und Regionen eine Verbindung herzustellen, euch einen mit allen erwünschten Eigenschaften ausgestatteten Körper aufzubauen mit Gesundheit, Kraft, Schönheit. Darin besteht das Geheimnis der Auferstehung. Wenn ihr damit einverstanden seid, diese Wissenschaft vom Leben zu verstehen und anzuwenden, dann wird euch die Kraft zuteil, euch nicht nur vor Krankheiten zu schützen, sondern auch euren Körper nach Belieben wieder neu zu gestalten. Natürlich kann es passieren, dass dieser im Moment euren Bemühungen Widerstand leistet. Seit Jahrhunderten habt ihr ihn unbewusst verkommen lassen. Jetzt braucht es lange Zeit, bis seine Gesundheit wiederhergestellt ist. Was ich euch sage, ist jedoch die absolute Wahrheit. Sechs oder sieben Jahre Studium genügen, um das Arztdiplom zu bekommen, um sich aber die Wissenschaft vom Leben anzueignen, braucht man Tausende von Jahren, so umfangreich ist sie!

Begreift man einmal die Bedürfnisse von Seele und Geist, begreift man auch, wie wichtig es ist, sie zu einer bestimmten Arbeit anzuregen. Alles Übrige hängt von der Tätigkeit der Seele und des Geistes ab, denn dort, in Seele und Geist liegen die Ursachen der Dinge. Alles andere sind die Folgen, die Auswirkungen. Wenn man nun weiß, dass man in den Bereich der Ursachen durchgedrungen ist, dorthin, wo die Kräfte ausgelöst werden, dann lebt man im Frieden, in der Gewissheit, weil man die nachfolgenden Auswirkungen kennt. Auf diese Weise lassen sich psychische Krankheiten bekämpfen, indem man dem Menschen Erkenntnis und Gewissheit bringt. Der Mensch fühlt sich orientierungslos, voller Angst und Leere, weil er sich nicht bewusst, mit Hilfe seiner Seele und seines Geistes mit den lichtvollen Kräften der Natur verbindet. Wenn aber das Licht kommt, zeigt es ihm seine Verbindung mit der Unendlichkeit, mit der Ewigkeit. Es zeigt ihm, dass er mit den kosmischen Kräften kommunizieren und sein Leben umwandeln kann. Dann begleiten ihn Gewissheit und Frieden. Solange man die Menschen in Unwissenheit lässt, lohnt sich kaum der Versuch, sie wieder gesund zu machen. Man muss sie aufklären, und zwar von Kindheit an. Man kann ihnen bei der Lösung ihrer psychischen und physischen Probleme nur helfen, wenn man ihnen ihre wahre Natur zeigt, wie sie mit dem Lebensbaum verbunden sind und wie sie aus ihm Kräfte schöpfen können; sei es für ihre Arbeit oder um sich zu verwandeln.

Also vergesst niemals: Das Wesentlichste ist die Philosophie, die Lebensanschauung und die Lebensweise; und auf der materiellen Ebene sollte man der Sonne den Vorrang einräumen. Eines Tages wird die Wissenschaft erforschen, wie man mit der Sonne gesund werden kann: Wann und wie lange man sich der Sonne aussetzen soll, wie man Wasser in verschiedenfarbigen Flaschen der Sonne aussetzt und um welche Uhrzeit man dieses Wasser trinken soll, wie man mit dem Sonnenlicht in allen möglichen Formen arbeitet und wie man mit Hilfe von Geräten der Sonne alle heilenden Elemente entnimmt. Das wird wunderbar sein! Heutzutage misst die Wissenschaft der Sonne noch keine große Bedeutung bei, weil sie sich nur für die Materie, für chemische Elemente interessiert. Und dennoch, Meerwasser, Algen, Kräuter, Bäume und sogar Steine und Kristalle können Heilung bringen, weil sie diese heilenden Kräfte von der Sonne nehmen. Die Sonne jedoch ist die Letzte, die geschätzt wird. Wenn man sie aber wirklich entdeckt, kann man nicht anders, als ihr endlich den ersten Platz einzuräumen. Man wird sich von der Sonne ernähren, sie einatmen und sogar ihrer Musik zuhören, denn es wird Geräte dafür geben. Ja, die schönste Musik kommt von der Sonne, und ebenso die besten Botschaften. Man wird sich also die Sendungen von der Sonne anhören. Ihr fragt euch, ob ich es ernst meine? Aber ja, etwas Ernsteres gibt es überhaupt nicht.

Nun, für mich gibt es keinen Zweifel: Die Therapie der Zukunft ist die Therapie der Sonne. Man sieht dem Sonnenaufgang zu, man verbindet sich mit ihr, man konzentriert sich auf sie, um alle von ihr ausgesandten Teilchen aufzufangen. Diese ätherischen Teilchen, mit denen die Strahlen der Sonne beladen sind, kennt die Wissenschaft noch nicht. Obwohl die Medizin noch nicht so weit gekommen ist, die subtilste Seite der Materie anzuerkennen, hat sie jedoch schon entdeckt, dass die unwägbaren Elemente im und für den Organismus die wichtigsten sind. Nachdem sie versucht hat, Störungen im Bereich von Verdauung, Kreislauf, Atmung oder Ausscheidungsorganen abzuhelfen, fand sie schließlich heraus, dass das, was die Funktionen der Organe anregt oder blockiert, auf die kaum wahrnehmbaren Sekrete der endokrinen Drüsen zurückzuführen ist.

Wir sind aber noch nicht am Ende. Das endokrine System stellt nicht die letzte Entdeckung dar, denn die endokrinen Drüsen hängen wiederum von immer subtiler werdenden Zentren ab... bis hin zum Denken. Es ist also so, als gäbe es im Denken bestimmte Drüsen, die den Gesamtorganismus regieren. Vom Denken bis hin zu den Organen besteht ein ganzes hierarchisches System, das die Wissenschaft eines Tages entdecken wird. Ja, da die endokrinen Drüsen noch von anderen Funktionen abhängig sind, spielen sie, meiner Meinung nach, keine vorrangige Rolle. Die Gedanken und Gefühle des Menschen wirken sich auf sein Drüsensystem aus, und dementsprechend leidet sein Organismus oder wird wieder gesund. Ob der Mensch nun weiter wächst oder nicht, ob er zu oder abnimmt, auch dafür sind nicht allein die endokrinen Drüsen verantwortlich.

Es ist jedoch interessant festzustellen, dass die Wissenschaft jetzt mit immer feinstofflicheren Elementen arbeitet. In der Medizin verwendet die Homöopathie noch Arzneimittel, die bis zum 31. Hundertstel verdünnt sind. Man könnte glauben, es bliebe überhaupt nichts mehr darin übrig; und doch ist noch etwas Wirksames vorhanden. Auch die Physiker entdecken immer feinstofflicher werdende Aspekte der Materie: nach den Protonen und Neutronen, die Mesonen und die Neutrinos. Wenn sie bei den ätherischen Elementen angekommen sind, werden noch unbekannte, aus der Sonne kommende Teilchen und Energien entdeckt. Eine ganze Wissenschaft wird sich dann um die Sonnenstrahlen herum entwickeln. Man wird sogar die Vitamine unmittelbar aus der Sonne holen, anstatt sie in der Apotheke zu kaufen. Die Vitamine aus der Apotheke können vom Organismus nicht vollständig aufgenommen werden. Es ist also besser, sie dem Obst und Gemüse zu entnehmen, wo sie die Sonne hineingelegt hat. Man kennt auch nicht alle Eigenschaften der gebräuchlichsten Gemüsearten wie Zwiebeln, Lauch, Radieschen usw. Sogar die Blätter der Radieschen sollte man essen, denn sie sind schmackhaft und nahrhafter als die Radieschen selbst. Und auch die weißen Rüben sind ausgezeichnet.

Zum Schluss möchte ich euch noch etwas sagen. Habt ihr einmal begriffen, auf welche Art und Weise ihr atmen, trinken und essen sollt, so seid ihr imstande, die Vitamine von überall her aufzunehmen, wo die Sonne sie hineingelegt hat. Denn das Wichtigste ist der psychische Zustand, in dem ihr die Dinge aufnehmt. Seid ihr in einer schlechten Verfassung, dann könnt ihr den ganzen Tag Vitamine schlucken, ohne dass dadurch euer Organismus gestärkt wird. Vielleicht provoziert ihr sogar irgendwo in den Verdauungsorganen oder im Blutkreislauf Störungen. Leider betonen die Ärzte niemals, wie wichtig der Bewusstseinszustand ist, die innere Einstellung den Dingen gegenüber. Deshalb verlieren die von ihnen verschriebenen Medikamente noch zusätzlich an Wirkung. Also, ein wesentlicher Punkt ist die Einstellung, mit der man die Dinge aufnimmt.

Viele sagen zu mir: »Meister, in Ihrer Anwesenheit denkt, fühlt und handelt man anders. Alles ist problemlos und läuft glatt. Entfernt man sich aber einige Zeit, dann verändert sich alles. Man findet sich in der prosaischen Wirklichkeit wieder, die gewonnene Überzeugung ist nicht mehr dieselbe und es bleibt fast nichts mehr von dem, was Sie gesagt haben«. – Dieselben Erfahrungen habe auch ich in jungen Jahren mit meinem Meister Peter Deunov gemacht, antworte ich. Doch ich bin jetzt nicht nur deshalb bei euch, um euch an bestimmte Wahrheiten heranzuführen, sondern auch, um euch in euren Bemühungen zu unterstützen, diese Wahrheiten so lange wie möglich in euch weiterwirken zu lassen. Das Leben kommt euch schwierig vor? Wem sagt ihr denn das! Immer wieder muss man kämpfen, mit etwas fertig werden; und man ist dessen müde.

Ich weiß es, das Leben ist schwierig. Vorläufig ist es so, darauf kann ich heute nicht näher eingehen. Ich bin aber bei euch, um euch verständlich zu machen, dass ihr stärker und mutiger werdet, wenn ihr das Licht dieser Lehre akzeptiert. Frieden und Hoffnung lassen sich in euch nieder.

Wenn ihr wieder nach Hause kommt, bemüht euch also darum, diese hier aufgenommenen Wahrheiten in euch lebendig zu erhalten, vergesst sie niemals. Niemals solltet ihr sie vergessen. Sagt zu euch selber: »Ich kann den Realitäten des Alltagslebens nicht entkommen, ich muss mich aber festhalten an den Wahrheiten, um dann wachsam zu sein, wenn ich wankend werde oder Entmutigung und negative Gedanken mich überfallen. Was immer geschehen mag, ich werde nicht weichen, nicht die Waffen strecken, diese Flamme in mir, meine Begeisterung und Hoffnung nicht verlieren.« Ja, klammert euch fest an die Wahrheiten, die ich euch vermittle. Atmet tief durch und dann bietet der Realität die Stirn. So werdet ihr stark und mächtig, mit einer Lebensquelle vergleichbar. Ist das nicht besser?

Wie viele sagen: »Jetzt habe ich es verstanden, ich werde stark sein, ihr werdet schon sehen!« Sobald aber bestimmte Ereignisse auftreten, kapitulieren sie schon. Wenn sie dann wieder hierher kommen, schämen sie sich ihrer Schwäche, raffen sich wieder auf und versprechen von neuem: »Ihr werdet schon sehen!« Ja, bis zum nächsten Mal! Das Vernünftigste ist also, hierher zu kommen, bis ihr nicht mehr zu erschüttern seid. Darin besteht eben unsere Lehre, dass ihr unerschütterlich werdet und – was immer auch geschehen mag –, ihr euch daran erinnert, dass ihr unsterblich seid und dass Gott euch mit allen Fähigkeiten ausgestattet hat. Wenn ihr das vergesst, ist es aus mit euch.

Ihr solltet mich richtig verstehen! »Wir verstehen Sie doch, wir begreifen schon!« Nein, dieses Verständnis, das ich anstrebe, habt ihr noch nicht. Mich wirklich zu verstehen bedeutet, dass ihr in euren Überzeugungen unerschütterlich bleibt. Einige von euch sind es schon, ja, aber die anderen... Sobald sie in der Hektik des Alltagslebens stehen, lassen sie sich von der materialistischen Mentalität beeinflussen, die ausschließlich auf Wohlstand und materiellen Erfolg aus ist und die Bedürfnisse von Seele und Geist außer Acht lässt.

Glaubt mir, von dieser materialistischen Philosophie solltet ihr euch befreien, denn sie schwächt euch und lässt euch geistig abgestumpft werden. Wollt ihr einen Beweis dafür? Nun gut! Wenn man jemandem zum Beispiel einredet, er bestehe aus Materie, eine Seele gäbe es überhaupt nicht und auch kein Weiterleben nach dem Tode, was kann man dann von solch einem Menschen erwarten? Begeht er dann irgendeine Missetat, so sollte man sich nicht darüber wundern. Das Schlimmste dabei ist, dass man ihm mit diesen Vorstellungen seine Willenskraft nimmt, etwas Erhabenes tun zu wollen. Man zerstört in ihm die Kraft des Geistes. Man bringt ihn also um. Versucht man hingegen, diesem Menschen bewusst zu machen, dass er einen Geist besitzt, dass er selbst Geist ist und dass er diesem Geist eine Offenbarungsmöglichkeit verschaffen kann, dann wird dieser Mensch fähig, großartige Dinge zu vollbringen; man gibt ihm die wahre Kraft. Sein Körper fängt an, ihm zu gehorchen, sich seinen Entscheidungen zu fügen und Entbehrungen, Krankheiten und Missgeschicke überwältigen ihn nicht mehr. Er kommt vorwärts, er ist stark und mächtig und reißt alle Welt mit sich! Macht er sich jedoch die materialistische Philosophie zu Eigen, dann wird er zu einem Nichts. Hierin liegt die Gefahr, wenn man dem physischen Körper, der Materie, der äußeren, der objektiven Seite die erste Stelle einräumt. Natürlich kommt der Umfang des Schadens nicht gleich zum Vorschein. Doch nach und nach wird der Mensch schwächer und schwächer und stirbt. Lest noch einmal den Vortrag über die Kraft des Geistes. Darin findet ihr alle notwendigen Elemente, um voranzukommen und alle Schwierigkeiten zu überwinden. Aber ja, die Philosophie des Geistes sollte man sich jetzt zu Eigen machen. Hört nicht auf die Schwachen und Abgestumpften, die euch in die Gosse ziehen. Wir bestehen aus Materie, aus Staub, das ist richtig; aber nur zu einem Teil, der andere Teil ist göttlich.

Das Einzige, das mich interessiert, ist die Philosophie, die ich euch geduldig vermittle. Sie bringt euch alle Möglichkeiten der Entwicklung bis ins Unendliche. All jene Philosophien, die dem Menschen diese Möglichkeit nicht zugestehen, sich bis in die Unendlichkeit weiterzuentwickeln, können ihm nicht den wahren Sinn des Lebens vermitteln. Also, wendet euch von diesen Philosophien ab.

Anmerkungen

1. Siehe Band 5 der Reihe Gesamtwerke »Die Kräfte des Lebens», Kapitel 6: »Gedanken sind lebendige Wesenheiten«.
2. Siehe Band 241 der Reihe Izvor »Der Stein der Weisen – Von den Evangelien zur Alchimie«, Kapitel 3: »Ihr seid das Salz de Erde«.
3. Siehe Band 204 der Reihe Izvor »Yoga der Ernährung«, Kapitel 5: »Der Vegetarismus«.
4. Siehe Band 234 der Reihe Izvor »Die Wahrheit, Frucht der Weisheit und der Liebe«, Kapitel 14: »Wahrheit der Wissenschaft und Wahrheit des Lebens«.
5. Siehe Band 222 der Reihe Izvor »Die Psyche des Menschen«, Kapitel 3: »Von Seelen und Körpern«.
6. Siehe Band 309 der Reihe Broschüren »Die Aura – Unsere geistige Haut«.
7. Siehe Band 233 der Reihe Izvor »Eine Zukunft für die Jugend«, Kapitel 11: »Warum wird man in diese oder jene Familie hineingeboren?«.
8. Siehe Band 202 der Reihe Izvor »Der Mensch erobert sein Schicksal«, Kapitel 5: »Das Gesetz der Entsprechungen«.
9. Siehe Band 323 der Reihe Broschüren »Meditationen beim Sonnenaufgang«.
10. Siehe Band 239 der Reihe Izvor »Die Liebe ist größer als der Glaube«, Kapitel 5: »Dir geschehe nach deiner Einstellung«.
11. Siehe Band 5 der Reihe Gesamtwerke »Die Kräfte des Lebens«, Kapitel 8: »Die Kraft des Geistes«.

# Kapitel 5

# Atmung und Ernährung

Das irdische Leben des Menschen beginnt mit dem Atem, mit dem ersten Einatmen. Dank dieses ersten Einatmens füllt sich die Lunge mit Luft, setzt sich in Bewegung und bringt das Leben in Gang. Viele, viele Jahre später, wenn von jemandem gesagt wird, er habe seinen letzten Seufzer getan, versteht jeder, dass er tot ist. Der Atem ist der Anfang und das Ende. Das Leben beginnt also mit dem Einatmen und endet mit dem Ausatmen.

Es lohnt sich also, sich mit dem Vorgang des Atmens zu beschäftigen, damit wir darüber nachdenken und verstehen können, dass er die Grundlage unserer Existenz ist. Dann müssen wir uns darum bemühen, dass er immer besser vollzogen wird. Bei den meisten Menschen ist dieser Vorgang gehemmt, vermindert oder sonst wie gestört. Deshalb sollten sie lernen, mit der Luft zu arbeiten, um das Leben in sich anzuregen, zu läutern und zu intensivieren.

Damit nun das Phänomen Atmung und seine Gesetze verständlich werden, kann man es mit dem vergleichen, was bei der Ernährung vor sich geht.

Was passiert beim Essen? Bevor die Nahrung in den Magen gelangt, wird sie gekaut. Der Mund ist einer kleinen Küche vergleichbar, in welcher man die Nahrungsmittel zubereitet. Sie werden klein geschnitten, gekocht und mit etwas Öl, d. h. mit Speichel, gewürzt. Es gibt bestimmte Drüsen, die sich dieser Arbeit annehmen. Deshalb ist es ratsam, die Nahrung so lange zu kauen, bis sie beinahe flüssig ist. Schluckt man sie, ohne sie lange genug gekaut zu haben, ist sie nicht gut vorbereitet und der Organismus kann sie nicht assimilieren. Dadurch entstehen viele Schlacken. Kommt die Nahrung ungenügend gekaut in den Magen, braucht der Organismus einen viel größeren Energieaufwand, um sie umzuwandeln. Darin liegt die Ursache vieler Müdigkeitserscheinungen.

Glaubt bloß nicht, Müdigkeit würde immer von zu viel Arbeit verursacht. Nein, die Ursache liegt oft in der Vergeudung der Kräfte. Gerade wenn man die Nahrung verschlingt, ohne sie richtig gekaut oder aber sie nicht genug mit seinen Gedanken und Gefühlen durchdrungen zu haben, ist sie viel schwerer verdaulich und der Organismus hat große Mühe sie zu assimilieren.

Ihr solltet also Folgendes begreifen: Wenn ihr eine spirituelle Arbeit unter guten Voraussetzungen in Angriff nehmen wollt, ist es notwendig, dass ihr euren Organismus schützt und ihm nicht sinnlos Energien abfordert. Manche sind der Meinung, sie müssten viel essen, um gesund, aktiv und widerstandsfähig zu sein. Nein, das ist ein Irrtum. Macht einmal folgendes Experiment: Kaut jeden Bissen so lange wie möglich, sogar mehrere Minuten lang, bis er sich von selbst völlig im Mund auflöst. Ihr werdet dann feststellen, dass ihr Kräfte für mehrere Stunden angesammelt habt. Ich spreche deshalb von dieser Erfahrung, weil ich sie in meiner Jugend in Bulgarien oft selbst gemacht habe. Als Student war ich sehr arm und hatte oft kaum etwas zu essen. Doch wenn ich die Nahrungsmittel sehr lange kaute, fühlte ich mich sehr viel gesättigter, als wenn ich im üblichen Tempo aß. Dadurch entdeckte ich, dass die Nahrung bestimmte Energien enthält und man noch nicht gelernt hat, sie freizusetzen und zu verwenden.

In diesem Zusammenhang möchte ich noch hinzufügen, dass man nicht völlig gesättigt vom Tisch aufstehen, sondern noch ein kleines Hungergefühl in sich verspüren sollte. Warum? Damit der ätherische Körper etwas zu tun hat. Ja, um diese kleine Lücke zu schließen, fühlt sich der ätherische Körper angeregt, aus den feinstofflichen Regionen noch etwas Nahrung herauszuholen. Kurz darauf verspürt ihr erstens keinen Hunger mehr und fühlt euch außerdem sogar voller neuer Energien, voller physischer aber auch psychischer Energien. Ebenso spürt ihr, dass euer Gehirn besser funktioniert. Seid ihr dagegen vollkommen satt, dann wird die Tätigkeit des ätherischen Körpers gelähmt. Und das ist nicht gut für die Gesundheit, denn eurem gesamten Organismus droht Stagnation.

Ihr dürft den ätherischen Körper nicht lähmen. Regt ihn immer dazu an, dass er aktiv ist, dass er etwas zu tun hat oder nach etwas sucht. Dank der

Tätigkeit des Ätherkörpers bleibt ihr bei guter Gesundheit. Und damit der Ätherkörper aktiv wird, darf man den physischen Körper nicht übersättigen. Im Gegenteil, genau diese kleine Entbehrung, die der physische Körper empfindet, gibt dem ätherischen Körper den Anreiz zur Arbeit.

Kommen wir aber zurück auf die Entsprechungen zwischen Atmung und Ernährung. Beide Vorgänge sind denselben Gesetzen unterworfen. Es ist nicht gut, schnell einzuatmen, denn die Luft hat keine Zeit, um tief in die Lunge einzudringen, um sie zu füllen, sie zu erweitern, sie auszudehnen. Man sollte langsam und tief einatmen, und sogar ab und zu die Luft ein paar Sekunden in der Lunge zurückhalten, bevor man sie wieder freilässt. Weshalb? Um sie sozusagen zu »kauen«. Ja, die Lunge weiß, wie man die Luft kaut; genau wie der Mund weiß, wie man die Nahrung kaut.

Beim Zerkleinern der Nahrung handelt der Mund schon wie ein Magen. Er beschäftigt sich jedoch mit dem feinstofflichen Teil der Nahrung. Dieses Problem ist noch nicht gründlich erforscht worden. Der Mund ist ein feinstofflicher, spiritueller Magen; dort wird die wichtigste Arbeit verrichtet. Der Magen selbst nimmt die gröberen Teile der Nahrung auf, nachdem der Mund deren feinstofflichen ätherischen Anteil schon verarbeitet hat. Das kann leicht nachgeprüft werden. Nehmen wir zum Beispiel einen Kranken, der tagelang fasten musste; nun fühlt er sich natürlich schwach. Ihr gebt ihm eine Frucht und – kaum dass er sie zu kauen begonnen, geschweige denn etwas davon geschluckt hat – da spürt er schon, wie seine Kräfte zurückkehren. Das beweist ganz klar: Im Mund gibt es Zellen und Drüsen, die wissen, wie sie als Erste der Nahrung ihre kräftigsten und lebendigsten, belebendsten Energien entziehen können. Um die gröberen Elemente kümmert sich dann der Magen.

Diejenigen, die viel und gierig essen, lassen ihrem Magen eine große Menge schlecht gekauter Nahrung zukommen, deren feinstofflichste Elemente der Mund nicht herausholen konnte. So haben diese Menschen vielleicht feste Knochen, kräftige Muskeln und etwas mehr Blut; ihr Nervensystem jedoch ist schlecht ernährt. Die Gesundheit des Nervensystems hängt von der Arbeit ab, die im Mund vonstatten geht. Wollt ihr über unerschöpfliche Kraftreserven für eure Nerven verfügen, wollt ihr euren physischen Körper, eure Emotionen und Gefühle beherrschen, dann kaut ruhig, langsam, bewusst und liebevoll. Macht den Versuch und ihr werdet sehen, dass die Kraft eures Nervensystems beträchtlich zunimmt. Die meisten Leute essen schnell, schlucken alles ungekaut und sind dann den ganzen Tag aufgeregt und nervös. Selbsterziehung sollte mit bewusstem, vernünftigem Essen beginnen. Wer die Gesetze des Essens respektiert, wird Ruhe und Gelassenheit in sich spüren und Selbstbeherrschung und inneren Frieden erlangen. Wollt ihr Herr über eure Nerven sein? Dann fangt mit dem Essen an.

Dank dieser Entsprechung wird uns jetzt klar, wie sich die Gesetze des Essens im Atmungsprozess wiederfinden. Die eingeatmete Luft ist mit einem Bissen vergleichbar, einem Bissen, der unvorstellbare Kräfte enthält. Wenn man ihn zu früh wieder freigibt, kann die Lunge ihn nicht »kochen«, nicht »verdauen«. Sie kann ihn nicht ausreichend assimilieren, damit der Organismus von den darin enthaltenen Kräften profitiert. Das ist der Grund, warum so viele Menschen müde, nervös und reizbar sind: Sie verstehen es nicht, sich auf die richtige Weise mit Luft zu ernähren. Sie »kauen« sie nicht, sondern geben sie gleich wieder frei. Sie atmen nur mit dem oberen Teil der Lungen. Das Ergebnis ist: Die verbrauchte Luft kann nicht ausgeatmet und durch reine Luft ersetzt werden. Das tiefe Atmen ist eine wunderbare Übung, die man nie vernachlässigen sollte, denn dadurch werden die Energien immer wieder erneuert.

Schaut euch ein Auto oder ein Motorrad an. Ihr gebt ihm flüssige Nahrung, das Benzin. Wenn der Funke im Motor das Benzin entzündet, verwandelt sich dieses in Gas, d. h. in das Element Luft. Es wird also Energie frei. Dank dieser Energie erzeugenden Umwandlung können Motorfahrzeuge funktionieren. Dasselbe geschieht beim Essen: In dem Maße, wie die Nahrung sich in unserem Mund, in unserem Magen usw. auflöst, durchläuft sie verschiedene Stadien. Dabei wird jedes Mal Energie freigesetzt.

Die Nahrung in unserem Körper muss sich also dadurch verwandeln, dass sie immer subtiler werdende Stadien durchläuft. Beim Kauen wird sie flüssig. Das bedeutet, sie gibt schon eine gewisse Kraft frei, denn das gasförmige Element befreit sich aus der flüssigen Materie, in der es gefangen war. Es strebt nach Erweiterung, Ausdehnung. Und während dieser Befreiung löst es bestimmte Vorgänge aus. Dann befreit das gasförmige Element seinerseits ein ätherisches Element, das eine noch größere Kraft auslöst, die dazu bestimmt ist, wieder andere Regionen zu ernähren und weitere Reaktionen auszulösen. Darin liegt das Geheimnis des Lebens.

Warum essen wir? Um die Energie, die in der Nahrung enthalten ist freizusetzen. Und woher kommt diese Kraft? Von der Sonne. Ja, die Sonne ist es, die ihre Energien in den Gemüsen und Früchten, die wir essen, konzentriert hat. Sie sendet ihre Energien auf die Erde hinunter und alle Pflanzen und pflanzlichen Nahrungsmittel fangen sie in ätherischer Form auf und verdichten sie auf ein ganz kleines Volumen. Alle Lebewesen hingegen vollziehen beim Essen den umgekehrten Prozess. Denn Essen bedeutet die Zerlegung der Materie, damit die Kräfte, die von der Sonne darin gespeichert wurden, frei werden.

Ja, überall in der Natur hat die Sonne ihre Kraft gespeichert, sogar die Steine sind damit angefüllt. Deshalb solltet ihr – wenn ihr euch an sonnigen Tagen in den Bergen oder auf dem Land aufhaltet

– große, flache, von der Sonne schön erwärmte Steine suchen und euch darauf legen. Das ist ein sehr wirksames Heilmittel.

Die Sonne verteilt in der ganzen Natur eine beträchtliche Menge an Energie, die von allen Lebewesen aufgefangen und absorbiert wird. Diese Energie findet man auch in der Luft in Form von Prana, wie die Hindus es nennen. Die günstige Zeit für das Aufnehmen von Prana sind die Minuten vor dem Aufgehen der Sonne. Genau zu diesem Zeitpunkt kann man das feinstofflichste und stärkste Element, das Prana, aufnehmen. Schaut euch doch die Sonne an, wenn sie aufgeht: Sie ist so lieblich und zart, dass man sie fast trinken möchte..., man kann sich gar nicht mehr von ihr lösen. Man ist fast traurig, dass man sie wieder verlassen und sich den Beschäftigungen des Allags zuwenden muss.

Das Wichtigste ist nicht, eine große Menge Nahrung, Flüssigkeit oder Luft zu sich zu nehmen, sondern sie gut zu assimilieren. Dazu muss man sie lange genug zurückhalten, um alles, was darin enthalten ist, herauszuholen. Wisst ihr, wie viel Energien ein Bissen Brot enthält? Was meint ihr? Nun, genug Energie, um einen Zug mit hundert Waggons dreimal um die Erde fahren zu lassen! Nun, warum fährt dieser Zug, wir selbst, nur ein paar Meter mit einem Bissen? Weil es uns nicht gelungen ist, die ganze in ihm enthaltene Energie herauszuziehen.

Dasselbe gilt für die Luft, die wir einatmen. Um der Luft das Maximum ihrer Reichtümer zu entnehmen, müssen wir sie in der Lunge komprimieren und zurückhalten. Während sie komprimiert wird, arbeitet der Organismus. Die Luft bewirkt einen Vorgang, der den Phasen von Zündung und Explosion in einem Motor entspricht. Da die Luft nicht entweichen kann, öffnet ihr die Natur ganz schmale Kanäle im Organismus, damit sie dort zirkulieren kann. Atmet ihr die Luft gleich wieder aus oder lasst sie entweichen, geht die gesamte in ihr enthaltene Energie verloren. Dank diesem Zurückhalten folgt diese Energie all den kleinen, von der Natur eingerichteten Kanälen. Sie sagt zur Luft: »Komm hierher, geh da hindurch!« Die ganze Strecke entlang hat die Natur Tausende von Rädchen aufgestellt, die in Gang gesetzt werden müssen.

Wenn ihr dem Sonnenaufgang beiwohnt und nicht daran denkt, die Sonnenstrahlen zurückzuhalten, sondern sie einfach so vorbeiziehen lasst, dann ist das genau dasselbe. Sie bleiben ungenützt und wirkungslos. Wenn ihr aber die Sonnenstrahlen bewusst auffangt, sie in euch speichert und komprimiert, dann öffnet ihr ihnen ein Tor zu eurem Geist. Sie kreisen als wunderbare Kraft, erwecken mächtige Zentren und es kommt euch manchmal so vor, als würdet ihr zu einem Feuerwirbel.

Sogar ein Getränk sollte man ein wenig im Mund zurückhalten. Während meiner ersten Jahre als Schüler des Meisters Peter Deunov war meine Leber nicht in Ordnung. Eines Tages fragte ich den Meister, was ich tun solle, um wieder gesund zu werden. Seine Antwort lautete: »Nimm ein paar Schluck Wasser und halte sie einige Zeit im Mund zurück. Dann schlucke dieses Wasser langsam und sanft hinunter während deine Gedanken bei ihm sind und du seinen Geschmack erspürst. Tue das mehrmals am Tag und du wirst wieder gesund werden.« – O je, was rät er mir denn da Komisches, dachte ich mir. Ich soll ein paar Schluck Wasser trinken, an es denken und davon gesund werden? Das konnte ich nicht glauben, es war zu einfach. Doch der Meister gab mir keine weitere Erklärung. Erst viel später habe ich es begriffen. Natürlich lassen sich schwere Leberstörungen nicht einfach dadurch heilen, dass man auf diese Weise Wasser trinkt. Macht dennoch von Zeit zu Zeit diese Übung, sie kann sich nur Segen bringend auf euch auswirken.

Ihr seht also, das große Geheimnis besteht vor allem darin, die Elemente einem immer höheren Grad von Feinstofflichkeit zuzuführen. Anders gesagt, die festen Elemente in flüssige, die flüssigen Elemente in gasförmige, die gasförmigen in ätherische umzuwandeln. Wer dazu imstande ist, besitzt das Geheimnis, wie man ewig an der Urquelle schöpfen kann. Alle Geschöpfe machen das schon, mehr oder weniger unbewusst, deshalb sind sie am Leben. Sie tun es aber nicht »aus der Fülle heraus«, sondern nur automatisch, gedankenlos. Diese Umwandlung geschieht auf sehr unterschiedliche Weise, je nachdem ob man sich dabei bewusst oder unbewusst verhält.

Die Materie in einen feinstofflicheren Zustand zu verwandeln bedeutet, die in ihr enthaltene Energie zu befreien. Alles, was dicht, kompakt, schwerfällig ist, stellt unorganisierte Materie dar, in welcher die Energie eingeschlossen bleibt. Je mehr man die Energie im Inneren zurückhält, so wie die starken Esser zum Beispiel, desto schlechter wirkt sich das auf die Gesundheit aus. Die Energie sollte im Gegenteil freigelassen werden. Genau das ist die Rolle der Atmung beim Essen. Durch die Atmung werden die in der Nahrung enthaltenen Energien besser freigesetzt. Ich habe euch schon oft gesagt, die Ernährung ist eine Verbrennung. Man bläst in das Feuer hinein, um es anzufachen, denn es braucht Luft. Macht ihr beim Essen ein paar tiefe Atemzüge, dann geht die Verbrennung der Nahrung besser vonstatten. Es genügt, im Laufe einer Mahlzeit drei- oder viermal innezuhalten und tief zu atmen. Auf diese Weise kann die Nahrung mehr Energien freisetzen.

Unsere Aufgabe ist es nicht, Energie zu verdichten, zu materialisieren. Sie ist es schon in ausreichendem Maße. Es ist jedoch unsere Aufgabe, sie aufzulösen, sie freizusetzen. Die großen Eingeweihten, die dieses Gesetz der Auflösung der Materie kennen, lösen einige Tausendstel Milligramm von ihrem Gehirn auf und können dank der auf diese Weise freigesetzten Energie Wunder bewirken. Diese Auflösung führen sie mit Hilfe ihres Denkvermögens aus. Seit Jahrtausenden kennen sie dieses Geheimnis. Sie wenden die Atomspaltung an ihrem eigenen Gehirn an, denn das Gehirn ist eine Materie von unerschöpflichem Reichtum.

Vielleicht wird jemand einwenden: »Die Materie auflösen? Das kann ich auch. Ich hatte 40 Grad Fieber und habe dabei drei Kilo abgenommen!« Nein, nein, nach einer echten Energiefreisetzung müsst ihr euch gestärkt fühlen. Das Fieber übt hingegen eine schwächende Wirkung aus und zerstört zahlreiche Zellen. Ihr verliert an Materie, ohne dabei an Kräften hinzuzugewinnen. Wer hingegen meditiert, löst durch seine Konzentration einige winzige Teilchen Materie auf, die Energie freisetzen. Das ist wohltuender und heilsamer, weil sie durch andere, reinere und lichtvollere Teilchen ersetzt werden; aber es ist nicht der Fall bei einer Krankheit oder wenn auf andere Art und Weise Energieaufwand betrieben wird. Man sollte unterscheiden können, ob ein Aufwand an Energie zu einer Bereicherung oder zu Schwächung führt.

Um ätherische Elemente aus der Luft freizusetzen, ist es also notwendig – wie schon erwähnt –, die Luft zu »kauen«. Die Lunge besteht aus mehreren Teilen: Der eine ist vergleichbar mit dem Mund, der andere mit dem Magen – wobei sie von oben nach unten umgekehrt angeordnet sind. Schaut euch übrigens einmal die Lunge an: Gleicht sie nicht einem auf den Kopf gestellten Baum mit Stamm, Ästen und Blättern? Beim Baum sind die Blätter oben, während die Lungen ihre »Blätter«, die Alveolen, unten haben. Durch seine Blätter steht der Baum in Wechselbeziehung mit der äußeren gasförmigen Atmosphäre; die Lunge hingegen lässt die Luft durch den »Stamm« und die »Äste« in die Lungenbläschen eindringen.

Führt man den bildhaften Vergleich weiter, so wird man Folgendes bemerken: Der untere Teil der Lunge funktioniert wie ein Mund und der obere Teil wie ein Magen. Wenn wir essen, führen wir die Nahrung oben in den Mund ein, um sie zu kauen. Dann gelangt diese weiter in den Magen hinunter. Beim Atmen ist es umgekehrt: tiefes Einatmen füllt die Lunge bis hinunter in alle Alveolen, welche die Luft dann »kauen« wie ein Mund, sonst bleibt die Atmung oberflächlich, die Luft wird im oberen Teil der Lunge (ihrem »Magen«) zurückgehalten, ohne dass sie gekaut wird. Man sollte die Tiefenatmung, die Bauchatmung praktizieren. Führt man die Luft nicht bis ganz unten in die Lungenflügel, dann werden nur die grobstofflichsten Teilchen aufgenommen. Wird aber die Luft bis nach unten geführt, bis sie Druck auf das Zwerchfell ausübt, und hält man dabei die Luft kurz an, dann tritt der »Mund« in Funktion. Dieser »Mund« entnimmt dann die feinstofflichsten ätherischen Teilchen und verteilt sie im ganzen Organismus.

Will man aber die in der Luft enthaltenen subtilen Elemente aufnehmen, muss man die eingeatmete Luft nicht nur anhalten, sondern vom unteren Teil der Lungenflügel langsam nach oben bringen. Dort übt dann die Luft Druck auf die Zellen der oberen Lappen aus. Diese Zellen haben eine ganz andere Aufgabe zu erfüllen als die der unteren Lappen. Das sind Tatsachen, die die Wissenschaft später einmal bestätigen wird, denn alle Zellen des Organismus – sogar in ein und demselben Organ – sind je nach ihrer Funktion differenziert, spezialisiert und entsprechend verteilt. Ihrer Bestimmung nach nehmen die Zellen, die sich im unteren Teil der Lunge befinden, die Luft auf ganz andere Weise auf als diejenigen, die oben sind. Aus diesem Grund ist eine oberflächliche Atmung ebenso schädlich für die Gesundheit wie das Hinunterschlucken ungekauter Nahrung. Wer tief atmet, ernährt sich wirklich. Die anderen hingegen, die nur oberflächlich atmen, erhalten sich gerade am Leben, aber sie ernähren sich nicht.

Um uns die Bedeutsamkeit der Atmung verständlicher zu machen, erinnerte uns eines Tages Meister Peter Deunov an die biblische Episode vom Kampf zwischen Jakob und dem Engel. Nachdem dieser Jakob besiegt hatte, sagte er zu ihm: »Es tagt, lass mich jetzt gehen!« Aber Jakob antwortete: »Gib mir zuerst deinen Segen, dann lasse ich dich los!« Der Meister gab uns folgende Erläuterung: Das Gleiche solltet ihr mit der Luft tun: Nehmt sie in euch auf und füllt eure Lunge. Atmet die Luft nicht aus, bevor sie nicht ihre segensreiche Wirkung ausgeübt hat. Ihr glaubt, Jakob habe Gewalt angewendet? Nein, er handelte im Eifer seines Glaubens, aus spiritueller Inbrunst, und wir sollten es ihm gleichtun. Wir sollten die Luft nicht eher ausatmen, als bis sie uns mit all ihren Segnungen bereichert hat. Darin liegt das Geheimnis der Fülle.

Anmerkungen

1. Siehe Band 229 der Reihe Izvor »Der Weg der Stille«, Kapitel 4: »Eine Übung: in Stille essen .
2. Siehe Band 204 der Reihe Izvor »Yoga der Ernährung«, Kapitel 10: »Die Arbeit des Geistes an der Materie«.

# Kapitel 6

# Die Atmung

## Teil 1
## Ihre Auswirkung auf die Gesundheit

Seit Jahrtausenden hat sich ganz besonders in Indien die Atmung zu einer Wissenschaft mit höchst komplexen Techniken entwickelt. Jahre, sogar Jahrhunderte wären notwendig, um diese Wissenschaft zu ergründen, so umfangreich ist sie. Yogis und Asketen hatten die Bedeutung der Atmung erfasst, nicht nur für die Vitalität, sondern auch für die Leistungsfähigkeit des Denkvermögens. Diesen Zusammenhang haben sie grundlegend erforscht und herausgefunden, dass alle Rhythmen unseres Organismus auf einem kosmischen Rhythmus beruhen.

Ich will euch damit selbstverständlich nicht raten, euch auf komplizierte Übungen einzulassen. Ihr seid keine indischen Yogis, und wenn ihr nicht vorsichtig und vernünftig seid, dann lauft ihr Gefahr, aus dem Gleichgewicht zu geraten und eurer Gesundheit zu schaden, wie es vielen schon passiert ist.

Die Atemübungen, die wir in unserer Schule machen, sind sehr einfach:

1. Ihr haltet die linke Nasenseite zu, atmet durch die rechte die Luft tief ein und zählt dabei bis vier.
2. Dann haltet ihr den Atem an und zählt dabei bis sechzehn.
3. Ihr haltet die rechte Nasenseite zu, atmet durch die linke aus und zählt dabei bis acht.

Ihr beginnt die Übung von neuem, aber umgekehrt:

1. Ihr haltet die rechte Nasenseite zu, atmet durch die linke ein und zählt dabei bis vier.
2. Ihr haltet den Atem an, während ihr bis sechzehn zählt.
3. Ihr haltet die linke Nasenseite zu, atmet durch die rechte aus und zählt dabei bis acht.

Wiederholt diese Übung sechs Mal für jede Nasenseite. Wenn euch dies ohne Mühe gelingt, könnt ihr das Zählintervall verdoppeln, das heißt acht, zweiunddreißig, sechzehn. Ich rate euch aber davon ab, die Übung weiter zu steigern.

Im Leben eines Spiritualisten muss die Atmung eine ausschlaggebende Rolle spielen. Deshalb muss er seine Zeit so einteilen, dass er jeden Morgen seine

Übungen mit nüchternem Magen machen kann. Nach dem Frühstück ist es nicht mehr so günstig. Die Lunge ist dann in ihrer Bewegung behindert, das kann schädlich sein. Atemübungen müssen immer nüchtern gemacht werden oder wenigstens vier oder fünf Stunden nach dem Essen.

Etwas muss ich noch hinzufügen: Wenn ihr tief atmet – diesmal durch beide Nasenlöcher –, solltet ihr die Luft nicht plötzlich einatmen, sondern allmählich und langsam. Beim Ausatmen könnt ihr dann die Luft kräftig und auf einmal ausstoßen.

Atmet langsam und rhythmisch. Schenkt dieser Luft, die in euch eindringt, eure ganze Aufmerksamkeit. Denkt an die segensreichen Elemente, die diese Luft mit sich bringt und die zu eurem Wohlbefinden beitragen. Vielleicht sagt jemand: »Ach! Seit Jahren schon mache ich täglich Atemübungen – ohne Ergebnis!« Weiß er es denn? Vielleicht ist er nicht ganz gesund. Aber in welchem Zustand würde er sich befinden, wenn er diese Übungen nicht gemacht hätte? Und außerdem, ist er sich denn so sicher, dass er dabei seinen Gedankengang auf die erhoffte Genesung konzentriert hat? Hat er nicht etwa an die Besorgungen gedacht, die am Nachmittag erledigt werden sollten oder an den letzten Wortwechsel mit seiner Frau oder seinem Chef? Auf diese Weise ist kein Erfolg möglich.

Während der Atemübungen sollte man alle Sorgen des Alltagslebens beiseite lassen, keine Zerstreutheit in sich dulden, sondern diese Arbeit gedanklich konzentriert und in tiefem Glauben verrichten. Der Glaube ist ein göttliches Gefühl, das ungeahnte Denk- und Tatkraft im Menschen erweckt; deshalb ist er die Grundlage jeder Genesung. Selbst wenn der Glaube an sich die Heilung nicht bewirkt, so ist er doch deren wesentliche Voraussetzung.

Regelmäßige Atemübungen wirken sich günstig auf die Gesundheit aus. Für jeden gibt es eine eigene Methode, die er herausfinden muss, indem er auf die Stimme seines inneren Arztes hört. Denn wir haben alle einen inneren Arzt. Wer nicht auf ihn hört, wird sich eines Tages gezwungen sehen, sich auf äußere Ärzte zu verlassen. Ihr solltet also eurem inneren Arzt Gehör schenken. Er wird euch sagen, wie, wann und wie viel Mal am Tag ihr diese Übungen machen sollt, denn es ist für jeden verschieden. Jeder sollte den eigenen Rhythmus selber herausfinden.

Was die Ärzte anbelangt, so sollten sie sich lieber mit den Menschen vor deren Erkrankung befassen, und sei es nur, um ihnen die richtige Atmung beizubringen. Übrigens in Zukunft werden sich die Ärzte nicht mehr mit den Kranken beschäftigen. Ihr staunt? So ist es aber!

Sie werden sich um die Gesunden kümmern und sie lehren, was sie machen sollen, um weiterhin gesund zu bleiben. Gegenwärtig sind die Ärzte hauptsächlich dazu da, Schäden zu reparieren... wenn es ihnen überhaupt noch gelingt! Die Tiefenatmung ist ein mächtiges Mittel, sowohl vorbeugender als auch heilender Art. Und selbst wenn ihr eine Arznei einnehmen müsst, wird sich ihre Wirkung steigern, wenn ihr dabei bewusst und tief atmet.

Wenn ihr tief atmet, denkt voller Überzeugung daran, dass euch die Luft den göttlichen Segen bringt. Viele von euch können es kaum glauben, es ist ja für sie so neu, dass Gott all die für unsere Gesundheit nützlichen und notwendigen Elemente in der Luft konzentriert hat. Zu dieser Überzeugung müsst ihr aber kommen und danach streben, diese Elemente aufzunehmen. Ihr werdet sagen: »Ja, aber wie soll man das machen?« Es ist einfach. Beim Einatmen konzentriert euch auf den Gedanken, dabei alle für euch notwendigen Elemente – Kalzium, Jod, Magnesium usw. – in euch aufzunehmen. Ja, denn der Organismus weiß genau, was ihm fehlt. In ihm ist ein ganzes Team von sachkundigen Chemikern untergebracht, die sich darauf verstehen, die notwendigen Substanzen aus der Luft zu gewinnen. Das bedeutet natürlich nicht, dass ihr euch von nun an die Mühe sparen könnt, Arzneimittel aus der Apotheke zu holen. Seid ihr aber imstande, die für eure Gesundheit notwendigen Elemente durch die Atmung selbst aufzufangen, so werdet ihr viel seltener nach pharmazeutischen Mitteln greifen müssen. Das einzige Wesen auf der Erde – bis jetzt wenigstens –, das bewusst atmen kann, ist der Mensch. Deswegen wird von ihm gesagt, er sei eine lebende Seele. Seid euch beim Atmen der Tatsache bewusst, dass ihr dabei das göttliche Leben in euch aufnehmt.

Dieses göttliche Leben, diese so kostbare Quintessenz, die in der Luft enthalten ist, wird von den indischen Yogis mit dem Wort »Prana« bezeichnet. Das Prana ist die Grundlage aller kosmischen Energien.

Morgens beim Sonnenaufgang ist es am reichlichsten vorhanden. Lässt man die Luft bewusst durch die Nasenlöcher einfließen, setzt man bestimmte Vorgänge im Körper in Gang, um diese Quintessenz herauszuziehen. Ist diese aufgefangen, dann beginnt sie, an den Nerven entlang zu zirkulieren. Die indischen Yogis und Weisen, die das Nervensystem erforschten, fanden heraus, dass das feinstoffliche Prana wie Feuer in den Nervenbahnen auf beiden Seiten der Wirbelsäule zirkuliert. Genauso wie das Blut durch die Adern, Venen und Blutgefässe fließt, so fließt auch dieses feinstoffliche Fluidum, das Prana, durch das Nervensystem. Dieses Prana ist eine Nahrung, die die Vitalität, die Ausgeglichenheit, die geistige Klarheit fördert. Selbstverständlich setzt das Auffangen von Prana intensives Training voraus.

Die Atmung beeinflusst auch die Gehirnfunktion. Meditieren, Lesen, Studieren, das alles ist schön und gut. Man sollte aber wissen, dass die Tätigkeit des Gehirns vom übrigen Organismus, insbesondere von der Lunge abhängt. Die Lunge selbst übt keine unmittelbare Wirkung auf das Gehirn aus, das ist klar. Sie spielt aber eine äußerst wichtige Rolle bei der Reinigung des Blutes. Ist das Blut rein, wird das Gehirn von bestimmten Elementen durchströmt, welche das Verstehen und Meditieren erleichtern.

Ihr solltet euch daran gewöhnen, jeden Tag ein paar tiefe Atemzüge zu machen. Legt dabei die linke Handfläche auf das Sonnengeflecht und die rechte Handfläche darüber. Während dieser Übung müsst ihr spüren, wie sich das Zwerchfell ausdehnt und zusammenzieht. Die Atmung wirkt auf den Kreislauf. Für alle Organe unseres Körpers ist es also von großer Bedeutung, dass sie unter den bestmöglichen Bedingungen vonstatten geht.

Wie ihr wisst, spielt das Zwerchfell bei der Atmung ebenfalls eine wichtige Rolle. Während der Einatmung, also wenn sich die Lunge ausdehnt, senkt sich das Zwerchfell. Während der Ausatmung, also wenn sich die Lunge zusammenzieht, kommt es wieder hoch. Gewisse Verdauungs- und Lungenkrankheiten sind einer schlechten Haltung oder einer Verkrampfung des Zwerchfells zuzuschreiben. Das Zwerchfell ist ein kräftiger Muskel, der geschmeidig bleiben muss. Beim Atmen müsst ihr die Haltung der Wirbelsäule beachten, damit sie so gerade wie möglich sei. Die Wirbelsäule ist von höchster Wichtigkeit für die Gesundheit, alles hängt von ihr ab. Ist sie nicht gerade, welche Komplikationen können dann im Organismus und im psychischen Leben daraus entstehen!

Wir machen auch täglich besondere Gymnastikübungen. Dabei ist es zu empfehlen, Atmung und Bewegungen in Einklang zu bringen. Man sollte einatmen, wenn man die Arme hebt, dann die Luft kurz anhalten und erst beim Bücken ausatmen, also einatmen, wenn der Körper sich ausdehnt, und ausatmen, wenn er sich beugt. Sind Bewegungen und Atmung richtig aufeinander abgestimmt, dann könnt ihr deren Sinn besser begreifen und zu besseren Ergebnissen kommen.

Man kann sich der Atmung bedienen, um gewissen Unzulänglichkeiten abzuhelfen. Befinde ich mich z. B. in einem kalten Raum ohne irgendwelche Heizungsmöglichkeit, dann atme ich einmal sehr tief ein, halte die Luft so lange wie möglich an. Auf diese Weise wird das warme innere Blut an die Peripherie geführt. Da das Blut warm ist, wirkt es der äußeren Kälte entgegen; so schütze ich mich dagegen.

Indem ihr euch an Atemübungen gewöhnt, verbessert ihr euren Gesundheitszustand und fördert die Ausgeglichenheit und die Fähigkeit des Gehirns zu klarem Denken und festigt sogar euren Willen. Versucht es einmal: Habt ihr irgendeine Last aufzuheben, so wird es euch nach tiefem Einatmen besser gelingen. Und wenn ihr euch unruhig und verunsichert fühlt, warum bittet ihr nicht eure Lunge um Hilfe? Sie ist dazu da: Atmet zwei oder drei Minuten lang tief ein und aus, dann werdet ihr wieder ruhig. Ihr braucht Hilfe, das ist ja ganz normal. Warum sucht ihr sie aber immer außerhalb, wo sie doch in euch selbst zu finden ist?

Jeder sollte lernen, bewusst zu atmen, das heißt, das Denken mit der Atmung zu verknüpfen, um dadurch mit den im Unterbewusstsein verborgenen Kräften in Berührung zu kommen. Statt eure Atemübungen jeden Morgen automatisch zu machen und nur die fürs Atmen nötigen Takte zu zählen, zählt mit den Händen und lasst euren Gedanken freien Lauf und füllt sie mit den schönsten lichtvollen Ideen und Bildern. So werdet ihr eine herrliche, segensreiche Arbeit verrichten. Tiefe, bewusste Atmung bringt dem intellektuellen, emotionellen und physischen Leben grenzenlosen Segen. Schenkt eure Aufmerksamkeit den guten Auswirkungen auf Gehirn und Seele, auf all eure Fähigkeiten. Die Atmung ist ein entscheidender Faktor auf allen Gebieten des Lebens. Diesen Aspekt solltet ihr niemals außer Acht lassen.

Sei es bei den kleinen Ereignissen im Alltagsleben oder in euren Beziehungen mit den anderen, denkt dabei auch an die Atmung. So gelingt es euch, euch zu beherrschen. Vor einem Gespräch z. B., damit die Besprechung nicht in einen Streit ausartet oder wenn ihr einem Kind etwas vorzuwerfen habt, es gar bestrafen müsst. Allem, was euch beeinträchtigen kann, solltet ihr durch tiefes Atmen entgegenwirken. Dadurch gewinnen eure Gedanken an Leichtigkeit und Klarheit.

Beobachtet euch, prüft euch, wenn ihr leidet oder im Begriff seid dem Zorn oder der Sinnlichkeit nachzugeben: Ihr werdet spüren, wie eure Atmung nicht mehr so tief und rhythmisch ist, wie sie unregelmäßig und keuchend wird. Unregelmäßiges Atmen erweckt negative Kräfte. Tut es nur fünf Minuten lang, und ihr werdet bereits feststellen, wie diese negativen Kräfte in euch aufkommen, und umgekehrt.

Habt ihr bemerkt, wie die Atmung sich im Schlaf verlangsamt? Da man in diesem Zustand nicht mehr so aktiv ist, wird nur eine geringe Menge von Materie verbraucht, zu deren Verbrennung folglich nur wenig Luft notwendig ist. Schaut euch einmal an, was im Gegensatz dazu im wachen Zustand und besonders während bestimmter Tätigkeiten vor sich geht: Der Atemrhythmus wird beschleunigt, weil dann mehr Brennstoff nötig ist. Dank der Lunge kann der Energiebedarf gewährleistet werden, ohne das Leben des Menschen zu gefährden. Würde dieser nicht ein- und ausatmen, so nähme er überhaupt nichts aus der ihn umgebenden Luft auf, um die eigenen Energien wieder zu beleben. Er würde wie eine abschmelzende Kerze in sich zusammensinken. Eben aus diesem Grund sage ich, dass die Menschen blind und ahnungslos sind, wenn sie behaupten, sie könnten sich allen möglichen sexuellen Aufwallungen hingeben, ohne je erschöpft zu sein. Der Rhythmus ihrer Atmung weist während solcher Erregungen ganz im Gegenteil auf einen übermäßigen Energieverbrauch hin.

Die Zentren der Liebe befinden sich im hinteren Teil des Gehirns: die Liebe zur Familie und zu den Freunden, die Wechselbeziehungen zwischen den Menschen, und tiefer unten, im Kleinhirn, ist das Zentrum der sexuellen Liebe. Wird der Blutandrang im Kleinhirn zu stark, dann könnt ihr nicht anders als eurer Sinnlichkeit freie Bahn lassen. Um dieser Versuchung zu widerstehen, solltet ihr tief atmen: Ihr werdet dann auf eine bessere, für euch zuträglichere Weise reagieren.

Richtige Atmung übt eine harmonisierende Wirkung auf den Umgang zwischen den Menschen aus. Nehmen wir ein konkretes Beispiel: Zur Begrüßung geben euch die Menschen die Hand: Der eine tut es sehr herzlich, um euch zu zeigen, wie sehr er euch schätzt; der andere reicht euch eine schlaffe Hand, und wieder ein anderer gibt euch nachlässig die Hand und bringt damit zum Ausdruck, dass diese Geste für ihn eher bedeutungslos ist; der nächste hingegen zerquetscht euch beinahe die Finger. Ein Händedruck sollte immer eine wohltuende Strömung auslösen, sonst bleibt diese Geste wirkungslos. Nun, atmet ihr nicht richtig und tief, dann seid ihr nicht imstande, einem Freund einen guten Händedruck zu geben. Denkt daran, tief zu atmen – natürlich auf diskrete Weise! –, bevor ihr jemandem die Hand drückt. Und macht es genauso, bevor ihr bei jemandem zu Besuch eintretet. Euer Gespräch wird dadurch viel harmonischer verlaufen.

Ihr solltet die empfohlenen Übungen praktizieren. Dadurch werdet ihr gestärkt und könnt den auftauchenden Schwierigkeiten besser entgegentreten. Alles hängt vom Grad eurer Aufmerksamkeit, eurer Konzentration ab, die ihr dabei aufwendet. Wie oft habe ich das schon festgestellt!

Anmerkung

1. Siehe Band 239 der Reihe Izvor »Die Liebe ist größer als der Glaube«, Kapitel 4: »Dein Glaube hat dir geholfen«.

## Teil 2
## Wie man mit der kosmischen Harmonie verschmelzen kann

Das Ein- und Ausatmen: In der Wechselwirkung dieser Bewegung füllt und leert sich jeweils unsere Lunge; dadurch können wir leben. Das ist ein allgemein gültiges Gesetz. Alles atmet in der Natur, die Tiere, die Pflanzen, sogar die Erde. Ja, als lebendiges Wesen muss auch sie ein- und ausatmen. Selbstverständlich geht es bei ihr nicht achtzehnmal in der Minute vor sich wie bei uns. Ihr Rhythmus erstreckt sich über eine Zeitspanne von vielen Jahren. Daher ist er für uns nicht wahrnehmbar. Die Erde dehnt sich aus und zieht sich wieder zusammen. Ihre Ausmaße sind nie genau die gleichen. Vielleicht sind ihre Ausdehnungen und Kontraktionen die Ursache von Erdrissen, vulkanischen Ausbrüchen und vielen anderen Naturphänomenen. Die Erde ist ein lebendiges Wesen. Sie atmet ebenso wie die Sterne. Diese atmen auch ein und aus; ihre Atmung reicht bis zu uns. Wir spüren sie in Form von verschiedenen Einflüssen.

Alles atmet, die Bäume, die Ozeane, sogar die Steine: »Aber, werdet ihr einwenden, diesen Atmungsprozess kann man sich nicht ohne Lunge vorstellen!« Warum nicht? Das Leben benötigt nicht unbedingt die gleichen Organe, um dieselben Funktionen auszuüben. Schaut euch einmal einen Baum an: Er besitzt weder Lunge noch Magen noch Leber, noch Darm und dennoch atmet er, ernährt er sich, assimiliert er und pflanzt sich fort. Er lebt sogar oft länger als der Mensch! Er widersteht den Unbilden des Wetters, trägt duftende Blüten und Früchte. Trotz seiner Intelligenz ist der Mensch im Vergleich zu ihm so zerbrechlich, dass ihn eine Kleinigkeit vernichten kann.

Die Eingeweihten haben die Atmung und deren Verhältnis zu den Rhythmen des Universums erforscht. Dabei haben sie Folgendes entdeckt: Will man mit dieser Wesenheit oder jener Region der spirituellen Welt in Einklang stehen, so muss man einen bestimmten Rhythmus finden und ihn sich zu Eigen machen wie einen Schlüssel oder wie wenn man eine bestimmte Wellenlänge sucht, um eine Rundfunksendung zu empfangen. Die Wellenlänge ist ein entscheidender Faktor, um die Verbindung mit diesem oder jenem Sender herzustellen. Genauso verhält es sich mit der Atmung: Man muss den Atemrhythmus kennen, um mit dieser oder jener Region des Universums Verbindung aufnehmen zu können.

Die Atmung kann uns also große Geheimnisse offenbaren, aber nur unter der Voraussetzung, dass wir wissen, wie wir die Atmung mit gedanklicher

Arbeit verknüpfen. Stellt euch beim Ausatmen vor, ihr dehnt euch bis an die Grenzen des Universums aus. Kommt beim Einatmen dann zu eurem Selbst zurück, zu eurem Ego, das wie ein kaum wahrnehmbarer Punkt ist, wie das Zentrum eines unendlich großen Kreises. Dehnt euch von neuem aus und zieht euch dann wieder zusammen... so werdet ihr dieser Wechselbewegung gewahr werden; sie ist der Schlüssel zu allen Rhythmen des Universums. Versucht, diese Wechselbewegung ganz bewusst innerlich wahrzunehmen. Wenn ihr das tut, werdet ihr mit in die kosmische Harmonie einbezogen: Es entsteht eine Wechselwirkung zwischen euch und dem Universum. Beim Einatmen nehmt ihr Elemente des Weltraumes in euch auf und beim Ausatmen übertragt ihr etwas von eurem Herzen und eurer Seele.

Wer es versteht, sich mit der kosmischen Harmonie zu synchronisieren, tritt ein in das göttliche Bewusstsein. Aber wie viele von euch sind noch nicht so weit und können die spirituelle Dimension der Atmung noch nicht erfassen! Wäret ihr imstande, sie zu erahnen, dann würdet ihr euer Leben lang danach streben, Gottes Licht und Kraft einzuatmen und dann dieses Licht in die ganze Welt auszustrahlen. Denn Ausatmen bedeutet eben auch, das Licht zu verteilen, das man in Gottes Nähe geschöpft hat.

Einatmen, ausatmen... einatmen, ausatmen. Die Atmung betrifft alle Manifestationen des spirituellen Lebens, das sollte nicht übersehen werden. Das Meditieren ist eine Art Atmung, genauso wie das Beten, der Zustand der Ekstase oder jede mit dem Himmel hergestellte Verbindung. Die Atmung offenbart die Intensität des Austausches. Steht ihr in Kontakt mit dem Himmel, so atmet ihr tief, als würdet ihr das Wesen, das ihr ins Herz geschlossen habt, umarmen.

Die Natur hat überall Mittel und Wege geschaffen, diese Geheimnisse zu ergründen. Würden die Philosophen bewusst atmen, würden sie zweifelsohne die Lösung mancher ihnen noch rätselhaften Probleme herausfinden. Doch sprechen und schreiben sie vorerst weiter darüber, auch wenn sie nicht sehr viel davon verstehen. Übrigens ist das Denkvermögen mit der Atmung eng verbunden. Wer schlecht atmet, muss mit einer Trübung des Gehirns rechnen.

Derjenige, der die tiefgründige Bedeutsamkeit der Atmung verstanden hat, spürt allmählich, wie die eigene Atmung mit der Atmung Gottes verschmilzt, denn Gott atmet auch: Atmet Er aus, so kommt die Welt zum Vorschein. Atmet Er ein, so löst sich die Welt auf. Selbstverständlich läuft das Ein- und Ausatmen Gottes in einer Zeitspanne von Milliarden und Abermilliarden von Jahren ab. So heißt es in den Heiligen indischen Schriften: Eines Tages wird Gott einatmen und dieses Universum wird untergehen und ins Nichts versinken. Dann wird Gott von neuem ausatmen, und eine neue Schöpfung taucht auf, die wieder Milliarden von Jahren fortbestehen wird. Durch den Menschen hindurch atmet Gott rascher. Im Kosmos aber geht sein Aus- und Einatmen sehr langsam vor sich. Je langsamer sich also unsere Atmung vollzieht, desto näher kommen wir an die Atmung Gottes heran.

Nun, eine der wirksamsten Übungen, die ich euch empfehlen kann, ist folgende: Gewöhnt euch daran, täglich mehrmals am Tag das Licht einzuatmen. Wählt einen ruhigen Ort, wo euch niemand stören kann, nehmt eine bequeme Haltung ein und atmet. Ihr atmet ein und stellt euch dabei vor, ihr würdet das kosmische Licht anziehen, dieses Licht, das noch viel subtilerer Art ist als das der Sonne, diese nicht greifbare, unsichtbare Quintessenz, die alles durchdringt. Lasst dieses Licht in euch einfließen, damit es all eure Zellen und Organe durchdringt. Dann lasst es beim Ausatmen hinausströmen und übertragt es in die ganze Welt, damit diese durch eure Hilfe erleuchtet, belebt wird. Dies ist eine hervorragende Übung. Dadurch werdet ihr selber – aus kabbalistischer Sicht – zu Aleph, also dem ersten Buchstaben des hebräischen Alphabets. Aleph steht als Symbol für jenes Wesen, das das himmlische Licht mit der einen Hand aufnimmt und es mit der anderen unter die Menschen verteilt. Solange ihr nur auf euch bedacht seid, alles für euch selber zurückhaltet, könnt ihr kein Aleph werden. Aleph ist das Wesen, das nur danach trachtet, den anderen zu geben, sie zu erwärmen und zu beleben, ohne an sich selbst zu denken. Aleph ist ein Schöpfer, ein Erlöser der Menschheit, ein Sohn Gottes.

Wer lernt, bewusst zu atmen, erleuchtet seinen Intellekt, erwärmt sein Herz, stärkt seinen Willen. Dabei bereitet er auch die besten Voraussetzungen für seine künftigen Inkarnationen vor. Indem er bewusst atmet, bringt er sich selbst mit sehr hoch entwickelten Wesenheiten in Einklang. Er zieht sie heran, stellt eine Verbindung mit ihnen her. Diese lichtvollen Geister sind dann bereit, in ihm zusammenzuwirken. Eines Tages, wenn er die Erde verlässt, wird er diesen »Freunden«, mit denen er schon zu arbeiten gelernt hat, wieder begegnen. Ihr solltet nie vergessen, dass euer Organismus eine Art Gemeinschaft bildet, deren Mitglieder sich um die Erhaltung der Einheit bemühen. Im Augenblick kennt ihr diese Partner, die in eurem Innern beheimatet sind, noch nicht. Geht ihr aber ins Jenseits hinüber, so werdet ihr ihnen begegnen und erkennen, dass es Freunde waren, die euer Haus bewohnten, und dass ihr sie in einer anderen Inkarnation wieder auf eurem Weg treffen werdet. Dies ist ein sehr bedeutsamer Zusammenhang für denjenigen, der sich auf angemessene Weise manifestieren und die ihm aufgetragene göttliche Mission erfüllen will.

Es gibt noch einen Punkt, über den ihr nie nachgedacht habt. Beim Einatmen nehmen wir Luft aus der Atmosphäre auf. Dank dem in ihr enthaltenen Sauerstoff können wir weiterleben. Beim Ausatmen hingegen geben wir die verunreinigten Elemente, den Kohlenstoff usw. von uns ab. Das weiß jeder und glaubt, das sei ein unabänderlicher Vorgang. Nein, eben nicht. Weshalb muss der Mensch immer von neuem reine, belebende Elemente aus dem Universum in sich aufnehmen und Unreinheiten, Gifte wieder von sich geben? Sicher, so wird es weitergehen, aber nur solange wie es ihm noch nicht gelungen ist, ein geläutertes Leben zu führen. Erst wenn der

Mensch fähig ist, göttlich zu denken, zu fühlen und zu handeln, wird er keine Unreinheiten mehr von sich geben. Er wird dann das Leben in seiner ganzen Reinheit einatmen und ausatmen. Ihr werdet einwenden, das sei überhaupt nicht möglich! Doch, es ist möglich! Es gab Heilige und Eingeweihte, die sich in so hohem Maße geläutert hatten, dass alles, was sie von sich gaben und aushauchten, die Atmosphäre mit Wohlgeruch erfüllte. Dieses göttliche Leben, das ihnen zuteil war, besudelten sie in ihrem Innern nicht mehr durch Unreinheiten und Boshaftigkeit. Sie gaben es so kristallklar, lichtvoll und segensreich weiter, wie sie es empfangen hatten. Auch ihr solltet dies anstreben.

Wenn ihr den ersten Buchstaben des hebräischen Alphabets genauer betrachtet, Aleph א, werdet ihr verstehen, dass dieser Buchstabe nichts weiter ist als das Symbol des Austausches, ein Gleichnis von Nehmen und Geben. Mit einer Hand fangt ihr das Licht, die Lauterkeit, die Liebe auf und reicht es mit der anderen weiter. Deshalb hat Christus gesagt: »Ich bin Aleph.« Er ist der Einzige, der das Licht genauso überträgt, wie Er es empfangen hat.

Ich weiß, ich führe euch in beinahe unerreichbare Regionen; ist es aber euer Ideal, das Licht, die göttliche Liebe, die Reinheit zu übertragen, so wie ihr sie empfangen habt, so bereitet ihr schon den Boden dafür vor, dass alles, was ihr ausstrahlt und übertragt, eines Tages reines, kristallklares Licht sein wird. Um dieses Ideal in die Tat umzusetzen, gibt es nur eine einzige Möglichkeit: Weiterzuarbeiten, damit sich der Gedanke der Brüderlichkeit über die ganze Welt ausbreitet, damit das Reich Gottes und Seine Gerechtigkeit auf Erden kommen. Erst dann wird die Luft, die ihr ausatmet, zum belebenden Hauch werden.

Anmerkung

1. Siehe Band 4 der Reihe Kostproben »Der Mesch im Kosmos«.

# Kapitel 7

# Die Ernährung auf den verschiedenen Ebenen

Wer hat es nicht bemerkt? Wenn man gut gegessen hat, sagt man: »Ach! Wie schön ist das Leben!« Hat man aber nichts zu beißen, so verliert das Leben jeglichen Sinn! Wart ihr schon einmal in der Lage, euch nichts mehr zum Essen verschaffen zu können? Sicher haben die meisten von euch es nicht erlebt, folglich könnt ihr das auch gar nicht verstehen. Es ist euch unmöglich, mit eurem ganzen Wesen zu erfühlen, dass die Ernährung die Grundlage des Lebens ist.

Da aber nun einmal die Ernährung die Grundlage des Lebens ist, ist es wichtig, auf alles, was man isst, zu achten. Ich werde auf das Thema nicht ausführlich eingehen. Es kommen immer mehr Bücher heraus über verschiedene Diäten, über Ernährungslehre im Allgemeinen. Was mich schon immer besonders interessiert hat, ist, auf welche Art und Weise die Menschen die Nahrung zu sich nehmen, und darauf werde ich immer wieder zu sprechen kommen. Die Frage der Ernährung ist sehr umfassend. Wie sollte man sich also ernähren? Das eben ist die Frage. Selbstverständlich werde ich immer eine vegetarische und gesundheitsfördernde Ernährung empfehlen: Der Verzicht auf Alkohol, auf chemisch behandelte Nahrungsmittel und vor allem auf exzessive Essgewohnheiten. Seit einiger Zeit sind die Ärzte zunehmend beunruhigt, weil die Menschen von zu viel Zucker, zu viel Salz, zu viel Fett Gebrauch machen. Eine der Haupteigenschaften, die jeder anstreben sollte, ist eben die Zurückhaltung, das Maßhalten. Deswegen bin ich auch nicht mit denjenigen einverstanden, die der Diätetik eine überzogene Bedeutung beimessen. Einige sind der Meinung, man sollte nur Getreide, andere, nur Obst essen usw., keinen Tropfen Wein, Tee oder Kaffee mehr trinken. Nein, das ist übertrieben. Man sollte vernünftig sein, das ist alles. Ein Schluck Wein ab und zu kann niemandem schaden, ausgenommen natürlich, wenn die Gesundheit schon deutlich angegriffen ist. Was den Kaffee anbelangt, so wirkt er sich günstig auf das Sonnengeflecht aus. Trinkt ihr morgens eine Tasse Kaffee vor der Meditation, so fühlt ihr euch angeregt.

Jeder sollte selber das herausfinden, was er braucht, je nach Bedarf, je nach seinem Temperament und Gesundheitszustand. Mir obliegt es eigentlich nicht so sehr, euch auf diesem Gebiet detaillierte Ratschläge zu erteilen, andere sind dafür besser qualifiziert. Immer mehr Menschen beschäftigen sich mit der Frage der Ernährung, sogar in unserer Bruderschaft. Das ist ja schon eine wichtige Frage, aber für mich persönlich ist es noch viel wichtiger zu verstehen, dass die Ernährung nicht nur mit dem physischen Körper zusammenhängt. Wenn die Nahrung für den physischen Körper unbedingt notwendig ist, dann müssen auch Herz, Intellekt, Seele und Geist ernährt werden. Durch die Unkenntnis dieser Wahrheit ist den Menschen der Sinn des Lebens abhanden gekommen.

Das Leben ist nichts anderes als eine ununterbrochene Wechselwirkung zwischen dem Universum und diesem kleinen Atom, das jeder von uns irgendwo darstellt. Das kosmische Leben dringt in den Menschen ein, dieser prägt es mit seinen eigenen Emanationen und sendet es wieder in das Universum zurück. Dann nimmt er dieses Leben von neuem auf, um es wieder zurückzusenden. Diese anhaltende Wechselwirkung zwischen Mensch und Universum heißt Ernährung, sie heißt Atmung, sie heißt auch Liebe. Das Leben besteht aus einer Wechselwirkung zwischen zwei Welten. Wer diesen Austausch nicht mitmacht, stirbt. Es gibt kein Leben auf der physischen Ebene ohne Austausch mit der Erde, kein Leben auf der Astralebene, dem Herzen, ohne Austausch mit dem Wasser, kein Leben auf der Mentalebene, dem Intellekt, ohne Austausch mit der Luft. Auf der Ebene der Seele und des Geistes gibt es kein Leben ohne Austausch mit der Wärme und dem Licht.

Ich frage mich aber, ob ihr eine Vorstellung von diesem Ernährungsprozess entwickeln könnt, der im gesamten Kosmos vor sich geht: Die Nahrung, die seinen unterschiedlichen Körpern entspricht, findet der Mensch in den verschiedenen Regionen des Raumes. Versucht, das zu begreifen. Ihr werdet dann das Universum allmählich als gewaltige Symphonie wahrnehmen.

Der Begriff der Nahrung sollte nicht nur auf die physische Ebene beschränkt werden. Essen allein genügt nicht. Der Beweis? Wie viele Menschen, die zwei-, drei-, viermal am Tage essen, beklagen sich: »Ach, mir ist so komisch! Ich fühle mich nicht in Form!«

Die Ernährung sollte an erster Stelle stehen, aber in allen Bereichen. Der Austausch darf nicht nur auf der verdichteten Ebene stattfinden, sondern auch in den feinstofflichen Ebenen des Universums. Diese Wechselwirkungen können aber erst geschehen, wenn die Verbindungswege frei sind. Sind sie es nicht, so geht der Kreislauf schlecht vonstatten und verschiedene Störungen treten auf, weil die Energien blockiert sind. Das ist so wie bei verstopften Rohren: Diese müssen frei gemacht werden. Wie soll das geschehen? Durch den Reinigungsprozess. Tritt auf der physischen Ebene eine Verstopfung im Organismus auf, so wird diesem durch Fasten, Abführmittel, Einläufen abgeholfen. Auf der psychischen Ebene beseitigt man diese Störungen durch einen Reinigungsprozess.

Gebete, Meditation, Ekstase stellen auch eine Ernährungsweise dar. Durch sie könnt ihr euch an der himmlischen Nahrung laben, an der Götterspeise, an der Nahrung des unsterblichen Lebens. Diese Nahrung ist nicht materieller Natur. Für die

Alchimisten aber war sie auch auf der physischen Ebene vorhanden; sie haben sie Elixier des ewigen Lebens genannt. Ja, man kann wohl sagen, diese Nahrung ist physisch in der ganzen Natur auffindbar; die Sonne ist es, die sie so überall verbreitet. Wenn wir jeden Morgen im Frühling und im Sommer den Sonnenaufgang miterleben, ist es eben in der Hoffnung, diese Quintessenz des Lebens in uns aufnehmen zu können. Die Sonne verteilt diese Götterspeise im ganzen Universum: Die Felsen, Pflanzen und Tiere, die Menschen – also alle Lebewesen – nehmen unbewusst Teilchen davon in sich auf. Die Menschen sollten aber lernen, solche Teilchen ganz bewusst aus diesem Fluidum, d. h. aus dem Feuer, aus dem Licht der Sonne aufzufangen.

In der neu anbrechenden Kultur wird jeder Mensch lernen, sich mit diesen feinstofflichen Teilchen zu ernähren. Ich weiß, dass sich viele unter euch über solche Äußerungen wundern werden. Jedoch fügt sich diese neue Ernährungsweise in den normalen Ablauf der Dinge ein. Man sollte sich nicht mit irgendwelcher grobstofflichen Nahrung begnügen, denn sie hinterlässt immer bestimmte Abfälle, die auf Dauer den Organismus verstopfen und vergiften. Ernährt man sich hingegen von Licht, dann hinterlässt eine solche Nahrung überhaupt keine Spur, denn sie ist vollkommen rein. Verbrennt ihr Holz oder Kohle in einem Ofen, dann muss am nächsten Tage die Asche entfernt werden, bevor man das Feuer wieder anzündet. Mit dem Organismus verhält es sich genauso. Wenn ihr, nachdem ihr gegessen und getrunken habt, die Abfälle nicht ausscheidet, führt das zu eurem Tod. Die Ursache mancher Krankheiten liegt eben in der Anwesenheit bestimmter Elemente, die nicht ausgeschieden werden konnten. Ja, man kann die Krankheit als eine Anhäufung von Stoffen definieren, die der Organismus nicht ausscheiden konnte; Gesundheit dagegen als das Ergebnis von Umwandlungen, die so rasch und von solcher Subtilität sind, dass keine Spur von irgendetwas Schädlichem im Organismus zurückbleibt.

Seid ihr einmal in der Lage, diese reine, von der Sonne verbreitete Quintessenz in euch aufzufangen, dann werdet ihr spüren, dass eure Gesundheit stabiler, euer Verstand klarer, euer Herz weiter und euer Wille stärker wird. Ihr werdet sagen: »Ja, aber ich habe die Sonne schon monate- und sogar jahrelang kontempliert, ohne Ergebnis!« Ihr habt eben nicht gewusst, wie ihr es anstellen sollt. Die Ergebnisse hängen von der Art und Weise ab, auf welche man mit den Dingen umgeht, nicht vom benötigten Zeitaufwand. Jedes Mal, wenn es euch gelingt, aus dieser unerschöpflichen Quelle – der Sonne – ein paar Schlucke zu trinken, werdet ihr deutliche Veränderungen zum Besseren in euch spüren.

Anmerkungen

1. Siehe Band 16 der Reihe Gesamtwerke »Alchimie und Magie der Ernährung - Hrani-Yoga«.
2. Siehe Band 17 der Reihe Gesamtwerke »Erkenne Dich selbst – Jnani-Yoga«, Kapitel 2: »Die synoptische Tafel«.
3. Siehe Band 204 der Reihe Izvor »Yoga der Ernährung«, Kapitel 9: »Der Sinn der Segnung«.
4. Siehe Band 28 der Reihe Gesamtwerke »Die Pädagogik in der Einweihungslehre, Teil 2 und 3«, Kapitel 10: »Die Sonne als Vorbild«.

# Kapitel 8

# Wie man Müdigkeit vermeidet

Wie oft hört man Menschen sagen: »Ich bin so müde!« Ja, jeder ist müde. Trotzdem laufen sie voller Geschäftigkeit rastlos hin und her, ohne eine Minute anzuhalten. Es ist gut, aktiv sein zu wollen. Aber um fähig zu sein, seine Tätigkeit ohne Ermüdung fortzusetzen, muss man wissen, wie man sich entspannen kann, nicht nur ein- oder zweimal am Tag, das genügt nicht, sondern zehn-, fünfzehn-, zwanzigmal, und sei es auch jedes Mal nur für eine Minute. Sobald ihr irgendwo ein paar Minuten Zeit habt, solltet ihr – anstatt diese Zeit totzuschlagen oder euch aufzuregen, weil ihr warten müsst – diese Gelegenheit nützen, um zur Ruhe zu kommen und euer Gleichgewicht wieder zu finden. Dann könnt ihr anschließend eure Arbeit wieder mit neuen Kräften aufnehmen.

Was sich auf unsere Zeitgenossen so schädlich auswirkt, ist diese ständige Hast, diese unablässige Anspannung, der sie Tag für Tag ausgesetzt sind. Das führt zu erheblichen Beeinträchtigungen in ihrem psychischen Leben. Denn es werden nicht nur die guten Eigenschaften durch Hast und Eile an ihrer

Entfaltung gehindert, sondern es kommt zu allen möglichen Verhaltensstörungen. Manchmal sage ich zu einigen von euch: »Ihr lasst eure Gas- und Wasserhähne immer offen. Da läuft und fließt es den ganzen Tag, bis eure Reservoirs schließlich leer und euer Nervensystem völlig erschöpft ist. Würdet ihr ein paar Minuten anhalten, um eure »Hähne zuzudrehen«, dann wärt ihr niemals so leer.«

Denkt also ab und zu daran, bewusst abzuschalten. Es handelt sich natürlich nicht um irgendeinen passiven Zustand. Was ich damit meine, ist ein Zustand, in dem es euch gelingt, die Batterien wieder aufzuladen. Um dieses Ziel zu erreichen, müsst ihr diesen passiven Zustand geschickt kontrollieren, sonst werden nicht die Kräfte des Himmels angezogen, sondern negative Strömungen. Das ist übrigens ein sehr wichtiger Aspekt, der das gesamte psychische Leben des Menschen betrifft. Rezeptive Menschen, wie zum Beispiel Medien, sollten sich mit dieser Problematik intensiv befassen. Sind Bewusstsein und Wachsamkeit nicht geschärft, so zieht man sowohl das Gute als auch das Böse an und leider viel häufiger das Böse als das Gute. Deswegen ist es wichtig zu lernen, wie man zu einem bewussten Medium wird und fähig ist, sich in einen passiven Zustand zu versetzen, ohne Negatives anzuziehen.

Will man Müdigkeit vermeiden, muss man sich daran gewöhnen, mit den beiden Prinzipien – dem männlichen und weiblichen, dem emissiven und rezeptiven – zu arbeiten. Man kann nicht den ganzen Tag aktiv sein. Sobald ihr eure Tätigkeit einstellt, solltet ihr euch mit vollem Bewusstsein in einen rezeptiven Zustand versetzen, euch mit dem Himmel verbinden, um ausschließlich reine, lichtvolle Energien anzuziehen.

Es ist gar nicht so leicht zu lernen, mit seinen Kräften sparsam umzugehen. Die Menschen sind geizig aber nicht sparsam. Sparsam ist nicht unbedingt mit selbstsüchtig gleichzusetzen und verschwenderisch nicht unbedingt mit großzügig, das wäre wohl ein Mangel an Unterscheidungsvermögen. Ja, man sollte den Unterschied kennen: Wer seine Energien vergeudet und zum Fenster hinauswirft, gilt als großzügig. Eben nicht, hier handelt es sich um Leichtsinn, Eitelkeit oder Dummheit, um alles, was ihr wollt, aber nicht um Großzügigkeit. Wer als großzügig gelten will, muss schon die Kunst des Sparens beherrschen. Was wird euch sonst zum Verteilen übrig bleiben, wenn alles schon vergeudet ist? Sparsam sein heißt, stets im rechten Augenblick und bei passender Gelegenheit nicht mehr als nötig auszugeben.

Ihr denkt nicht oft genug daran, euch in diesen passiven Zustand zu versetzen: Immer wieder fallt ihr der Hetzerei zum Opfer, die heutzutage als Normalzustand angesehen wird. Für das menschliche Gleichgewicht ist das höchst schädlich. Von nun an solltet ihr eurem Nervensystem mehr Beachtung schenken, ihm von Zeit zu Zeit einen Augenblick der Entspannung gönnen, fünfzehn Minuten am Tag, fünfzehnmal eine Minute. Denkt daran. Glaubt nicht, es wäre reine Zeitvergeudung, im Gegenteil, ihr werdet gleich sehen, welchen Gewinn ihr daraus zieht. Sicher werdet ihr einwenden: »Ja, schon! Aber ich habe doch so viel zu tun!« Das weiß ich, ihr könnt aber doch etwas Zeit finden, um euch in einen ruhigen Raum zurückzuziehen und euch bäuchlings auf ein Bett oder auf den Teppich hinzulegen mit entspannten Beinen und Armen. Lasst euch einfach gehen und schweben wie in einem Ozean von Licht, ohne euch zu bewegen, ohne zu denken... nur eine Minute lang; danach steht ihr frisch und gekräftigt wieder auf.

Das ist alles, es ist einfach, aber sehr wichtig. Diese Methode solltet ihr oft anwenden, und ihr werdet sehen, dass euch eure Kräfte den ganzen Tag über nicht verlassen. Sonst werdet ihr müde sein, auch wenn ihr überhaupt nichts tut. Ihr habt es übrigens sicher schon bemerkt: Manchmal habt ihr gar nichts getan und seid trotzdem müde, sogar nach drei Stunden auf einem Liegestuhl fallt ihr noch vor Müdigkeit um. Weshalb? Weil ihr innerlich eure »Wasserhähne« nicht abdrehen konntet. Ihr mögt euch ausruhen so lange ihr wollt, eure Kraft verschwindet ungenutzt sonst wohin. Das ist schade, denn diese Müdigkeit zwingt euch, wesentliche Tätigkeiten zu vernachlässigen.

Wenn ich so über Entspannung rede, spreche ich natürlich verschiedene grundlegende Punkte nicht an. Selbstverständlich müsst ihr für euer Wohlbefinden genügend essen und schlafen und ordentlich atmen. Habt ihr lange nichts mehr gegessen, so mögt ihr euch entspannen so lange ihr wollt: Aus so einer

Entspannung werdet ihr keine Kräfte gewinnen. Wenn ich euch rate, euch zu entspannen, setze ich voraus, dass ihr zuerst richtig geatmet, gegessen und geschlafen habt, das ist unerlässlich. Auch wenn ihr auf diese Weise viele Energien gespeichert habt, kann es vorkommen, dass diese sehr rasch verbraucht werden, falls ihr nicht wisst, wie ihr eure Batterie wieder aufladen könnt. Folglich sind Schlaf, Ernährung und Atmung nichts weiter als unerlässliche Voraussetzungen und das Entspannen ein psychisches Mittel, um die Energie richtig zu verteilen, regelmäßig abzuleiten und dann die Batterien wieder gut aufzuladen.

Es gibt natürlich Yogis und Eingeweihte, die ihre Gedanken vollkommen beherrschen, auch wenn sie weder gegessen noch geschlafen haben. Sie sind mit den großen Reservoirs der kosmischen Kräfte so eng verbunden, dass sie fähig sind, außerordentliche Energien aufzufangen und diese dann in Energien für ihren physischen Körper umzuwandeln. Das ist möglich, solche Menschen gibt es – wenn auch sehr selten. Um so ein Niveau zu erreichen, ist ein ganz außergewöhnliches Training erforderlich. Keiner von euch ist schon so weit gekommen.

Ihr seht also: Bei mir wird alles dort eingeordnet, wo es hingehört. Ich weise auf das Wesentliche und das Unwesentliche hin, auf das Mögliche und das Unmögliche. An euch liegt es nun, mich richtig zu verstehen und die erwähnten Methoden in angemessener Weise anzuwenden.

Nun möchte ich noch etwas hinzufügen: Das größte Geheimnis, um eine Tätigkeit unter den besten Bedingungen zu verrichten, ist eben zu lernen, seine Arbeit stets mit Liebe auszuführen, denn durch die Liebe wird man immer wieder gestärkt, neu belebt und erneuert... durch die Liebe! Wenn diese Liebe fehlt, wenn man nur des Geldes wegen arbeitet, nur um sich seinen Lebensunterhalt zu verdienen, dann kommt nicht sehr viel dabei heraus. Etwas Geld steckt man schon ein, man wird aber nervös und die Gesundheit nimmt Schaden. Mit Liebe könnt ihr stundenlang arbeiten, ohne müde zu werden. Arbeitet aber nur ein paar Minuten ohne Liebe, mit Zorn oder Auflehnung, so wird alles in euch blockiert, und ihr fühlt euch am Ende eurer Kräfte. Heutzutage tauchen manche Ideologien auf, die weltweit unter den Arbeitern Auflehnung und Unzufriedenheit verbreiten. Diese Ideologien sind unglaublich erfolgreich, sie gleichen Funken, die alles in Brand setzen. Es ist allzu leicht: Nehmen wir an, ihr entschließt euch, Leute zum Aufstand aufzurufen. Ihr werdet Erfolg haben. Versucht aber, den Menschen zu erklären, wie schädlich Missmut eigentlich ist, dass im Gegenteil mit Liebe gearbeitet werden sollte, dann wird euch keiner zuhören. Die Menschen sind noch nicht reif genug, um zu verstehen, wo ihr eigentliches Interesse liegt.

Man sollte die Wirksamkeit und die Macht der Liebe endlich begreifen. Alles, was ihr tut, solltet ihr mit Liebe tun; sonst lasst die Hände davon, denn alles, was ihr ohne Liebe tut, strengt euch an, vergiftet euch sogar. Kein Wunder, wenn ihr euch nachher erschöpft und unwohl fühlt. Alles sollte man mit Liebe tun. Versucht es, es hängt von euch ab. Jemand fragte mich eines Tages nach einem Mittel gegen Müdigkeit. Ihm habe ich gesagt: »Ich kann Ihnen das Geheimnis schon verraten, aber werden Sie es denn umsetzen können? Alles, was man tut, sollte mit viel Liebe getan werden, denn es ist die Liebe, die alle Kräfte im Menschen wachruft. Darin liegt das Geheimnis.«

Hier seid ihr in einer göttlichen Schule. Hier lernt ihr, wie ihr euch wieder aufbauen könnt. Ihr habt noch nicht erfasst, wie wichtig diese Aufgabe ist, aber freut euch, denn für euch besteht immerhin die Aussicht, dass ihr eure Existenz neu aufbauen könnt.

Anmerkungen

1. Siehe Band 15 der Reihe Gesamtwerke »Liebe und Sexualität«, Kapitel 17: »Leere und Fülle: Der Gral«.
2. Siehe Band 229 der Reihe Izvor »Der Weg der Stille«, Kapitel 5: »Die Stille, ein Energiespeicher«.
3. Siehe Band 227 der Reihe Izvor »Goldene Regeln für den Alltag«.

# Kapitel 9

# Die Pflege der Zufriedenheit

Man spricht nicht oft darüber, wie wichtig es ist, glücklich und zufrieden zu sein. Und nur wenige Leute können ermessen wie schädlich es ist, ständig mit allem und jedem auf der Welt unzufrieden zu sein und überall die Harmonie zu stören. Und noch schlimmer ist, dass es heutzutage üblich ist, Zufriedenheit als Zeichen von Naivität, von Dummheit anzusehen und Unzufriedenheit hingegen als Beweis für Klugheit.

Wenn ihr natürlich nur so tut, als wärt ihr unzufrieden, um vielleicht euer Ansehen zu steigern, so wird kein großer Schaden daraus entstehen. Wenn sich aber Unzufriedenheit wirklich in euch festsetzt, dann wird sich dies katastrophal auswirken. Dem gilt es vorzubeugen. Man muss den Ursachen andauernden Missmuts auf den Grund gehen. Oft liegt es an unzulänglichem Urteilsvermögen oder an mangelhafter Erziehung.

Vom intellektuellen Standpunkt aus ist ein anhaltender Zustand der Unzufriedenheit – sei er bewusst oder unbewusst – immer irgendwie schädlich für den Menschen. Wer ständig dem Herrn, dem Leben und der ganzen Menschheit die Schuld gibt, sollte wissen, dass diese Einstellung gefährlich ist und in seinem Inneren eine schlechte Ratgeberin sein wird. Da er nicht verhindern kann, dass sein Gefühl äußerlich zum Ausdruck kommt, hat der Unzufriedene matte Gesichtszüge, ist finster, seine Stimme hart, seine Gesten schroff, weshalb ihn andere Menschen unsympathisch finden. Man hält die Unzufriedenen zwar häufig für klüger als die anderen, aber für umgänglich hält man sie nicht, man geht lieber auf Abstand. Wie soll man denn die Nähe von Menschen ertragen, die dauernd klagen und die gesamte Atmosphäre mit Jammer und Vorwürfen verpesten? Missmut kann man schwarzem Rauch gleichstellen, der die Seele durchdringt. Wer einen solchen Zustand in sich selbst duldet, geht schließlich zugrunde. Selbstverständlich können sich gute Laune und Freude nicht über Nacht und für immer durchsetzen. Gute Laune ist oft der Ausdruck eines bestimmten Temperaments. Nichts ist schwieriger, als das eigene Temperament zu ändern. Jedoch ist es möglich, mit Hilfe von Liebe und gutem Willen die eigenen inneren Zustände zu wandeln.

Wären die Menschen ehrlich und bei klarem Verstand, könnten sie feststellen, dass im Leben die positive Seite immer überwiegt, sowohl quantitativ als auch qualitativ. Ein einfaches, ganz alltägliches Beispiel: An der Cote d'Azur gibt es im Laufe des Jahres viel mehr schöne als regnerische Tage, aber beim geringsten Regenguss beklagt sich jeder über das schlechte Wetter und vergisst, dass es wochenlang schön war. So ist es in allen Bereichen des Lebens. Wer unzufrieden ist, gibt zu, dass er keine klare Vorstellung von der Realität haben will. Man sollte wenigstens so viel Ehrlichkeit aufbringen, beide Seiten in Betracht zu ziehen.

Wer sich stets zufrieden und optimistisch zeigt, hat auch nicht das Richtige getroffen. Aber rasend zu werden, weil irgendeine Aussage euch missfallen hat, weil ihr einen Gegenstand teurer bezahlt habt als vorausgesehen oder weil die Suppe versalzen, eure Zeitung verlegt wurde usw., und auf diese Lappalien zu reagieren, als wären sie Katastrophen, führt zur Selbstzerstörung. Von nun an solltet ihr euch bemühen, alle Kleinigkeiten des Alltagslebens, die euch auf die Nerven fallen, auszugleichen durch die Tatsache, dass ihr Arme und Beine habt, mit denen ihr Wunder vollbringen könnt. Außerdem seid ihr mit Augen, Ohren, Nase und Mund ausgestattet, die es euch ermöglichen zu sehen, zu hören, zu fühlen, zu atmen, zu schmecken, zu reden und zu bewundern. Einen Beruf, ein Haus, Freunde habt ihr auch. Taucht aber eine geringe Widrigkeit auf, vergesst ihr sogleich all diese unschätzbaren Reichtümer und bringt das Leben eurer Familie und der gesamten Gesellschaft durcheinander. Das ist ein Zeichen mangelnder Intelligenz.

Ja, wendet diese Vergleichsmethode doch an! Den kleinen Widrigkeiten des Lebens solltet ihr alle Güter gegenüberstellen, mit denen die Vorsehung euch reichlich bedacht hat, und die Folgerungen daraus ziehen. Nur allzu oft macht man aber das Gegenteil! Man vergleicht das Wenige, was man hat, mit all dem, was den Nachbarn gehört: »Ach! Der hat schon ein Auto, während ich noch Rad fahre! Die besitzt Diamanten, und ich muss mich mit unechten Perlen begnügen!« Das sind jedoch schlechte Vergleiche! Wenn man unbedingt Vergleiche anstellen will, warum sollte man dann nicht alle Vorteile in Betracht ziehen, die einem zuteil geworden sind, verglichen mit zahlreichen anderen Menschen, die mittellos, unglücklich und krank sind? Diese ständige Undankbarkeit und Unzufriedenheit weist auf einen Mangel an Intelligenz bei den Menschen hin: Anstatt für die unendlichen Segnungen des Himmels dankbar zu sein, findet man immer neue Gründe, um seinen Glauben, seine Liebe und Dankbarkeit aufzugeben.

Ihr werdet mir sagen, dass ihr gute Gründe habt unglücklich zu sein, weil ihr überhaupt nur Fehlschläge erntet und keine Zukunft vor euch seht. In Wirklichkeit gleicht kein Tag dem anderen. War heute die Sonne von Wolken verdeckt, so werdet ihr sie morgen aufgehen sehen, und alles wird euch dann anlächeln. »Ja schon«, sagen manche, »ich bin aber bereits alt, was kann ich noch erhoffen?« Wisst ihr denn nicht, dass ihr eines Tages auf Erden wiedergeboren werdet, als kleines Kind, dem ein neues Leben voller Hoffnung bevorsteht? Ja, ein neues Leben, bereichert durch die vergangenen Erfahrungen.

Auf all das gibt es eine Antwort – was Traurigkeit

und Entmutigung auch immer dagegen einwenden mögen. Allerdings muss man bereit sein, die Dinge anders zu sehen, andere Schlussfolgerungen zu ziehen. Vor jedem Ereignis, jeder Situation solltet ihr eine kleine Pause machen, euch Zeit lassen, um die beiden Aspekte – den negativen wie auch den positiven – abzuwägen. Man sollte natürlich nicht einfach so tun, als sei alles gut. Man sollte sich jedoch andererseits auch weigern, nur die dunkle Seite des Lebens wahrzunehmen. Ihr denkt wohl: »Ach! Das alles wissen wir ja schon längst!« Gut, dann macht es doch, wenn es so einfach ist. Beobachtet euch, und ihr werdet feststellen, wie oft ihr diese Regel vergesst und euch dem Missmut und Pessimismus hingebt. Dann könnt ihr die Dinge nicht mehr richtig beurteilen, ihr verhindert zudem das Aufblühen und Aufschwingen eurer Seele. Auf diese Weise richtet ihr euch zugrunde, nicht nur auf der spirituellen, sondern auch auf der physischen Ebene. Warum heißt es in der Umgangssprache von jemandem, der dauernd beunruhigt, unzufrieden ist, die Sorgen fressen ihn auf?

Unzufriedenheit ist nur dann akzeptabel, wenn sie sich auf die eigene Person bezieht. Mit sich selber sollte man sich nie zufrieden geben, so hervorragend die eigenen spirituellen Ergebnisse auch sein mögen. Weshalb? Es droht eben die Gefahr, eitel und überheblich zu werden und so die eigene Entwicklung zu unterbrechen, den Prozess der Vervollkommnung zum Stillstand zu bringen. Seid ihr hingegen mit euch selbst unzufrieden, so regt euch dieses Gefühl dazu an, weiterzuarbeiten, euch zu verbessern. Die Unzufriedenheit sollte aber nicht zu einer zerstörerischen Zwangsvorstellung werden. Dieser Gefahr könnt ihr entgehen, indem ihr mit den anderen zufrieden seid. So wird alles ausgeglichen. Dank dieser inneren Einstellung geratet ihr in keinen allzu negativen Zustand, der vielleicht in totale Mutlosigkeit ausarten könnte. Sucht das Gute und Schöne bei allen Menschen, besonders bei denjenigen, die durch ihr Genie, ihre Tugenden zur Entwicklung der Menschheit beigetragen haben: Ihr werdet immer wieder in Bewunderung versetzt und lauft keine Gefahr, in Verzweiflung zu versinken.

Es hat geniale Musiker, Dichter und Maler gegeben, die in tiefer Mutlosigkeit ihre Werke vernichtet haben. Der Grund dafür ist ganz einfach der, dass sie sich in ihrer Einsamkeit so abgekapselt hatten und sie es nicht fertig brachten, über ihre eigene Problematik hinaus das Gute in den anderen wahrzunehmen. Das hätte sie jedoch geschützt und verhindert, ihren Missmut gegen sich selber und gegen ihre Werke zu richten. Die Eingeweihten sind nie mit sich zufrieden, sie freuen sich aber über die Werke Gottes, lassen sich von Seinen Dienern begeistern. So gleichen sie den Missmut aus, der sich aus der eigenen Unvollkommenheit ergibt.

Wer erkennt, dass es ihm nicht gelingt, die erhofften guten Eigenschaften bei sich zu entwickeln, sollte sich weder auflehnen noch entmutigen lassen, denn hat er einmal den Mut verloren, ist er wütend auf sich selbst, auf die anderen oder gar auf den

Herrn, so ist das für ihn sehr schädlich. Er sollte mehr Demut an den Tag legen, sonst beweist er mit dieser Einstellung nur sein mangelhaftes Urteilsvermögen und dass er noch seiner niederen Natur unterworfen ist, die sich in einem ihr günstigen Moment einschleichen konnte. Es sieht so aus, als hätte der Himmel bestimmten Personen oder Umständen befohlen: »Ärgert ihn ein wenig oder sagt ihm ein paar unfreundliche Worte – mal sehen, was dann passiert!« Was folgt, ist ein lautes Durcheinander, eine Bestätigung dafür, dass er den Prüfungen noch nicht gewachsen war. Er sollte sich jedoch in diesem Moment nicht entmutigen lassen und in Traurigkeit verfallen, sonst wäre das ein Beweis von Überheblichkeit: Er erwünscht sich Dinge, die für ihn noch unerreichbar sind. Bekommt er die Situation nicht in den Griff, geht er schließlich zugrunde. Es ist schon erlaubt, traurig zu sein, aber nur über die Misserfolge oder das Unglück der anderen, nicht aber, was die eigenen unerfüllten Wünsche und Ambitionen anbelangt. Diejenigen, die häufig in diesen Zustand fallen, sollten wissen, dass sie in ihrer Entwicklung noch nicht sehr weit vorangekommen sind, denn die Ursachen ihrer Betrübnis sind niederen Natur.

Zusammenfassend kann zu diesem Problem Folgendes gesagt werden: Es gibt einen Strom, der das Leben mit sich bringt, und einen anderen, der den Tod nach sich zieht. Das erste Stadium des Todes ist die Unzufriedenheit. Ja, trifft man keine vorbeugenden Maßnahmen, so verwandelt sich die Unzufriedenheit in Kummer und der Kummer in

Schmerz. Dieser Schmerz, der zuerst ausschließlich die psychische Ebene betrifft, setzt sich schließlich bis zur physischen Ebene durch und bricht eines Tages als Krankheit aus, und diese Krankheit hat den Tod zur Folge. Zwischen Unzufriedenheit und Tod spielen sich natürlich zahlreiche Phasen ab. Allmählich mündet aber die eine unvermeidlich in die andere. Zufriedenheit hingegen verbindet euch mit dem Strom des Lebens. Wer sich zufrieden fühlt, ist dem Himmel gegenüber mit Dankbarkeit erfüllt und lebt in Frieden. Aus diesem Frieden schöpft er Kraft, die Kraft bringt ihm die Fülle und er beginnt dann, das ewige Leben zu kosten.

Wer nach Vervollkommnung strebt, sich für seine Arbeit die Mithilfe der Naturgeister erwünscht, muss unbedingt für all das, was er besitzt, dankbar sein und den anderen Menschen etwas Positives entgegenbringen. Achtet von nun an auf eure Zufriedenheit, ganz besonders mit allem, was ihr bisher verschmäht und vernachlässigt habt. Ihr solltet jeden Tag versuchen, mindestens eine Kleinigkeit zu finden, die euch in Begeisterung versetzt, und erfüllt damit euer Herz und euren Intellekt. Wenn ihr euch jeden Tag beim Herrn bedankt, wenn ihr zufrieden seid mit allem, was Er euch gibt, besitzt ihr das magische Geheimnis, das euer Leben verwandeln kann. Und sogar die lichtvollen Naturgeister werden sich euch nähern, um euch beizustehen.

Anmerkungen

1. Siehe Band 5 der Reihe Gesamtwerke »Die Kräfte des Lebens«, Kapitel 2: »Charakter und Temperament«.
2. Siehe Band 3 der Reihe Kostproben »Glücklichsein«.
3. Siehe Band 238 der Reihe Izvor »Der Glaube versetzt Berge«, Kapitel 13: »Rabota, vreme, vera: Arbeit, Zeit, Glaube«.

Omraam Mikhaël Aïvanhov im Jahr 1937

*Vom selben Autor:*
**Taschenbuch-Reihe Izvor**

**200 – Hommage an Meister Peter Deunov**
O. M. Aivanhov erzählt von seinen Erlebnissen mit seinem Meister Peter Deunov.

**201 – Auf dem Weg zur Sonnenkultur**
Die Sonne, Begründerin der Kultur / Surya-Yoga / Die Suche nach dem Zentrum / Die nährende Sonne / Der Solarplexus / Der Mensch, Abbild der Sonne / Die Geister der sieben Lichter / Die Sonne als Vorbild / Die wahre Sonnenreligion.

**202 – Der Mensch erobert sein Schicksal**
Das Gesetz von Ursache und Wirkung / »Du sollst das Feine vom Dichten sondern« / Entwicklung und Schöpfung / Menschliche und göttliche Gerechtigkeit / Das Gesetz der Entsprechungen / Die Gesetze der Natur und die Gesetze der Moral / Das Gesetz der Einprägung / Die Reinkarnation.

**203 – Die Erziehung beginnt vor der Geburt**
Zuerst müssen die Eltern erzogen werden / Die Erziehung beginnt vor der Geburt / Ein Entwurf für die Zukunft der Menschheit / Kümmert euch um eure Kinder / Eine neues Verständnis der mütterlichen Liebe / Das magische Wort / Ein Kind braucht immer eine Beschäftigung / Die Kinder müssen auf ihr künftiges Lebens als Erwachsene vorbereitet werden /Der Sinn für das Zauberhafte soll dem Kind erhalten bleiben / Liebe ohne Schwäche / Erziehung und Unterricht.

**204 – Yoga der Ernährung**
Die Ernährung betrifft das ganze Wesen / Hrani-Yoga / Die Nahrung, ein Liebesbrief des Schöpfers / Die Auswahl der Nahrung / Der Vegetarismus / Die Ernährung und ihre Moral / Das Fasten / Vom Abendmahl / Der Sinn der Segnung / Die Arbeit des Geistes an der Materie / Das Gesetz vom Austausch.

**205 – Die Sexualkraft oder geflügelte Drache**
Der geflügelte Drache / Liebe und Sexualität / Die Sexualkraft, Voraussetzung für das Leben auf Erden / Vom Vergnügen / Die Gefahren des Tantrismus / Lieben ohne Gegenliebe zu erwarten / Die Liebe ist im ganzen Universum verbreitet / Die geistige Liebe, eine Nahrung auf höherer Ebene / Das hohe Ideal - Transformator der Sexualkraft / Öffnet der Liebe einen Weg nach oben.

**206 – Eine universelle Philosophie**
Einige Erklärungen zum Begriff »Sekte« / Keine Kirche ist ewig / Hinter den Formen den Geist suchen / Die Kirche des heiligen Johannes und ihre Ankunft / Die Grundlagen einer universellen Religion / Die Große Universelle Weiße Bruderschaft / Wie man den Begriff »Familie« erweitert / Die Bruderschaft, ein höherer Bewusstseinsgrad / Die Kongresse der Bruderschaft in Le Bonfin / Jeder Aktivität eine universelle Dimension geben.

**207 – Was ist ein geistiger Meister?**

Wie man einen wirklichen geistigen Meister erkennt / Von der Notwendigkeit eines geistigen Führers / Spielt nicht den Zauberlehrling! / Spiritualität nicht mit Exotik verwechseln / Vom Ausgleich zwischen geistiger und materieller Welt / Der Meister, ein Spiegel der Wahrheit / Erwartet von einem Meister nur das Licht / Der Schüler vor dem Meister / die universelle Dimension eines Meisters / Die magische Gegenwart eines Meisters / Die Identifizierung / »Wenn ihr nicht werdet wie die Kinder«.

**208 – Das Egregore der Taube. Innerer Friede und Weltfrieden**

Ein besseres Verständnis des Friedens / Die Vorteile der Völkervereinigung / Aristokratie und Demokratie / Kopf und Magen / Vom Geld / Über die Verteilung des Reichtums / Kommunismus und Kapitalismus, zwei sich ergänzende Philosophien / Eine neue Auffassung der Wirtschaft / Was jeder Politiker wissen sollte / Das Reich Gottes.

**209 – Weihnachten und Ostern in der Einweihungslehre**

Das Weihnachtsfest / Die zweite Geburt / Die Geburt auf den verschiedenen Ebenen / »Wenn ihr nicht sterbt, so werdet ihr nicht leben!« / Die Auferstehung und das Jüngste Gericht / Der Auferstehungsleib.

**210 – Die Antwort auf das Böse**

Die beiden Bäume im Paradies / Das Gute und das Böse - Zwei Kräfte, die das Rad des Lebens drehen / Jenseits von Gut und Böse / Das Gleichnis vom Unkraut und vom Weizen / Die Philosophie der Einheit / Die drei großen Versuchungen / Die Frage der Unerwünschten / Über den Selbstmord / Das Böse durch Licht und Liebe besiegen / Sich spirituell stärken, um die Prüfungen zu überwinden.

**211 – Die Freiheit, Sieg des Geistes**

Die psychische Struktur des Menschen / Die Beziehungen zwischen Geist und Körper / Schicksal und Freiheit / Der befreiende Tod / Die Freiheit des Menschen liegt in der Freiheit Gottes / Die wahre Freiheit / Sich begrenzen, um sich zu befreien / Anarchie und Freiheit / Über den Begriff der Hierarchie / Die innere Synarchie.

**212 – Das Licht, lebendiger Geist**

Das Licht, Essenz der Schöpfung / Die Sonnenstrahlen: ihre Natur und ihre Aktivität / Das Gold, kondensiertes Sonnenlicht / Das Licht macht es möglich zu sehen und gesehen zu werden / Die Arbeit mit dem Licht / Das Prisma, Bild des Menschen / Die Reinheit öffnet dem Licht die Türen / Das intensive Leben des Lichts leben / Der Laserstrahl im geistigen Leben.

**213 – Die menschliche und göttliche Natur in uns**

Menschlich... oder tierisch? / Die niedere Natur, eine umgekehrte Spiegelung der höheren Natur / Auf der Suche nach unserer wahren Identität / Über die Möglichkeit, den Begrenzungen der niederen Natur zu entgehen / Die Sonne, Symbol der göttlichen Natur / Die niedere Natur beherrschen und als Energiequelle benutzen / Der höheren Natur mehr Äußerungsmöglichkeit geben: sich bessern / Die Stimme der göttlichen Natur / Der Mensch kann sich nur dann entfalten, wenn er seiner höheren Natur dient [...]

### 214 – Liebe, Zeugung und Schwangerschaft

Die geistige Galvanoplastik / Mann und Frau - Abbild des männlichen und weiblichen Prinzips / Die Ehe / Lieben ohne Besitzanspruch / Wie man der Liebe eine edlere Ausdrucksform gibt / Nur die geistige Liebe schützt die menschliche Liebe / Der Liebesakt aus der Sicht der Einweihungslehre / Die Sexualkraft, Bestandteil der Sonnenenergie / Die Zeugung eines Kindes / Die Schwangerschaft / Die Kinder von Verstand und Herz / Die Frau soll ihren wahren Platz wieder einnehmen / Das Reich Gottes, Kind der kosmischen Frau.

### 215 – Die wahre Lehre Christi

»Vater unser, der Du bist im Himmel« / »Ich und der Vater sind eins« / »Seid vollkommen, wie euer Vater im Himmel vollkommen ist« / »Suchet zunächst das Reich Gottes und seine Gerechtigkeit« / »Wie im Himmel, so auf Erden« / »Wer mein Fleisch isst und mein Blut trinkt, hat das ewige Leben« / »Vater vergib ihnen, denn sie wissen nicht, was sie tun« / »Wenn dich jemand auf deine rechte Backe schlägt…« / »Wachet und betet«.

### 216 – Geheimnisse aus dem Buch der Natur

Das Buch der Natur / Tag und Nacht / Quelle und Sumpf / Die Vermählung, ein universelles Symbol / Die Arbeit mit den Gedanken zur Gewinnung der Quintessenz / Die Macht des Feuers / Die entschleierte Wahrheit / Der Hausbau / Rot und weiß / Der Strom des Lebens / Das neue Jerusalem / Lesen und schreiben.

### 217 – Ein neues Licht auf das Evangelium

»Man füllt nicht jungen Wein in alte Schläuche« / »Wenn ihr nicht werdet wie die Kinder« / Der ungerechte Verwalter / »Sammelt euch Schätze« / »Gehet ein durch die enge Pforte« / »Wer auf dem Dach ist...« / Der Sturm, der sich gelegt hat / »Die Ersten werden die Letzten sein« / Das Gleichnis von den fünf törichten und den fünf klugen Jungfrauen / »Das ist das ewige Leben, dass sie dich erkennen, der du allein wahrer Gott bist!«.

### 218 – Die geometrischen Figuren und ihre Sprache

Die Symbolik der Geometrie / Der Kreis / Das Dreieck / Das Pentagramm / Die Pyramide / Das Kreuz / Die Quadratur des Kreises.

### 219 – Geheimnis Mensch

Die menschliche Evolution und die Entwicklung der spirituellen Organe / Die Aura / Das Sonnengeflecht / Das Harazentrum / Die Kundalinikraft / Die Chakras.

### 220 – Der Tierkreis, Schlüssel zu Mensch und Kosmos

Der vom Tierkreis abgegrenzte Raum / Die Entwicklung des Menschen und der Tierkreis / Der planetarische Zyklus der Stunden und Wochentage / Das Kreuz des Schicksals / Die Achsen Widder-Waage und Stier-Skorpion / Die Achse Jungfrau-Fische / Die Achse Löwe-Wassermann / Wasser- und Feuerdreieck / Der Stein der Weisen: Sonne, Mond und Merkur / Die 12 Stämme Israels und die 12 Heldentaten des Herkules in Verbindung mit dem Tierkreis.

**221 – Alchimistische Arbeit und Vollkommenheit**
Die geistige Alchimie / Der menschliche Baum / Charakter und Temperament / Das Erbe aus dem Tierreich / Die Angst / Die Klischees / Die Veredelung / Die Verwendung der Energien / Das Opfer, Umwandlung der Materie / Eitelkeit und göttlicher Ruhm / Hochmut und Demut / Die Sublimierung der Sexualkraft.

**222 – Die Psyche des Menschen**
»Erkenne dich selbst« / Eine synoptische Tafel / Von Seelen und Körpern / Herz, Intellekt, Seele und Geist / Die Schulung des Willens / Körper, Seele und Geist / Äußeres und inneres Erkennen / Vom Intellekt zur Intelligenz / Die wahre Erleuchtung / Der Kausalkörper / Das Bewusstsein / Das Unterbewusstsein / Das höhere Ich.

**223 – Geistiges und künstlerisches Schaffen**
Kunst, Wissenschaft und Religion / Die göttlichen Quellen der Inspiration / Die Aufgabe der Phantasie / Dichtung und Prosa / Die Stimme / Chorgesang / Die beste Weise, Musik zu hören / Magie der Gestik / Die Schönheit / Idealisieren als Mittel zum Erschaffen / Das lebendige Meisterwerk / Der Aufbau des Tempels / Nachwort.

**224 – Die Kraft der Gedanken**
Von der Wirklichkeit der spirituellen Arbeit / Wie man sich die Zukunft vorstellen soll / Die psychische Verschmutzung / Leben und Kreisen der Gedanken / Wie die Gedanken sich in der Materie verwirklichen / Nach dem Gleichgewicht von materiellen und spirituellen Mittel suchen / Die Kraft des Geistes / Einige Gesetze, die bei der geistigen Arbeit zu beachten sind / Das Denken als hilfreiche Waffe / Die Kraft der Konzentration / Die Grundlagen der Meditation / Das schöpferische Gebet / Die Suche nach dem Gipfel.

**225 – Harmonie und Gesundheit**
Das Wesentliche ist das Leben / Die Welt der Harmonie / Harmonie und Gesundheit / Die spirituellen Grundlagen der Medizin / Atmung und Ernährung / Die Atmung / Die Ernährung auf den verschiedenen Ebenen / Wie man Müdigkeit vermeidet / Die Pflege der Zufriedenheit.

**226 – Das Buch der göttlichen Magie**
Die Wiederkehr magischer Praktiken und ihre Gefahr / Der magische Kreis: die Aura / Der magische Stab / Das magische Wort / Die Talismane / Über die Zahl 13 / Der Mond, Gestirn der Magie / Die Zusammenarbeit mit den Naturgeistern / Blumen und Düfte / Wir alle üben Magie aus / Die drei magischen Hauptgesetze / Die Hand / Der Blick / Die magische Kraft des Vertrauens / Die wirkliche Magie ist die Liebe / Ihr solltet niemals versuchen Rache zu üben / Exorzismus und Weihe von Gegenständen / Schützt eure Wohnstätte.

**227 – Goldene Regeln für den Alltag**
Das kostbarste Gut: das Leben / Bringt materielles und geistiges Leben in Übereinstimmung / Widmet euer Leben einem erhabenen Ideal / Der Alltag, Materie, die der Geist umwandeln soll / Das Essen als Yogaübung betrachten / Die Atmung / Wie man wieder zu Kräften kommt / Liebe macht unermüdlich / Der technische Fortschritt schenkt dem Menschen mehr Zeit für die spirituelle

Arbeit / Gestaltet euer inneres Zuhause / Die Außenwelt ist ein Spiegelbild eurer Innenwelt / Eure Zukunft wird so sein, wie ihr eure Gegenwart lebt / Kostet die Fülle der Gegenwart / die Bedeutsamkeit des Anfangs / Sucht das Licht, bevor ihr handelt / Achtet immer auf die erste Bewegung / Werdet euch eurer Denkgewohnheiten bewusst / Aufmerksamkeit und Wachsamkeit / Das Leben spirituell ausrichten / Legt mehr Wert auf die Praxis als auf die Theorie / [...]

**228 – Einblick in die unsichtbare Welt**

Das Sichtbare und das Unsichtbare / Das begrenzte Wahrnehmungsvermögen des Intellekts und das unbegrenzte Wahrnehmungsvermögen der Intuition / Der Zugang zur unsichtbaren Welt: von Jesod nach Tiphereth / Die Hellsichtigkeit: Aktivität und Rezeptivität / Sollte man sich von Hellsehern beraten lassen? / Liebt, und eure Augen werden sich auftun / Die Botschaften des Himmels / Sichtbares und unsichtbares Licht / Die höchsten Entwicklungsstufen der Hellsichtigkeit / Das spirituelle Auge / Gottesvision / [...]

**229 – Wege der Stille**

Lärm und Stille / Die Verwirklichung der inneren Stille / Lasst eure Sorgen vor der Tür / Eine Übung: in Stille essen / Die Stille, ein Energiespeicher / Die Bewohner der Stille / Harmonie als Voraussetzung der inneren Stille / Die Stille, Voraussetzung für das Denken / Suche nach Stille, Suche nach dem Zentrum / Menschliches und Göttliches Wort / Das Wort eines Meisters in der Stille / Stimme der Stille, Stimme Gottes / Die Offenbarungen des Sternenhimmels / »Das stille Kämmerlein«.

**230 – Die Himmlische Stadt**

Besucht auf Patmos / Einführung in die Offenbarung / Melchisedek und die Lehre von den beiden Prinzipien / Briefe an die Gemeinden von Ephesus und Smyrna / Brief an die Gemeinde von Pergamon / Brief an die Gemeinde von Laodizäa / Die Vierundzwanzig Ältesten und die vier Heiligen Tiere / Das Buch und das Lamm / Die 144.000 Diener Gottes / Die Frau und der Drache / Erzengel Michael streckt den Drachen nieder / Der Drache speit Wasser auf die Frau / Das Tier, das aus dem Meer emporsteigt und das Tier, das aus der Erde emporsteigt / Das Hochzeitsfest des Lammes / Der für tausend Jahre gefesselte Drache / Der Neue Himmel und die Neue Erde / Die Himmlische Stadt.

**231 – Saaten des Glücks**

Das Glück ist eine Gabe, die gepflegt werden muss / Vergnügen ist noch kein Glück / Nur die richtige Arbeit macht glücklich / Die Philosophie der Anstrengung / Licht ist das, was glücklich macht / Der Sinn des Lebens / Frieden und Glück / Seid »lebendig«, um glücklich zu sein / erhebt euch über die Lebensbedingungen! / Entwickelt eure Sensibilität für die göttlich Welt / Das Land Kanaan / Der Geist steht über den Gesetzen des Schicksals / Sucht das Glück in höheren Regionen! / Die Suche nach Glück ist die Suche nach Gott / Für Selbstsüchtige gibt es kein Glück / Gebt, ohne etwas dafür zu erwarten! / Liebt, ohne Gegenliebe zu verlangen! / Von der Nützlichkeit der Feinde / Der garten von Seele und Geist / Die Vereinigung auf höherer Ebene / Wir sind die Schöpfer unserer Zukunft.

### 232 – Feuer und Wasser, Wunderkräfte der Schöpfung

Wasser und Feuer, Grundprinzipien der Schöpfung / Das Geheimnis der Verbrennung / Die Entdeckung des Wassers / Wasser und Zivilisation / Eine lebendige Kette: Sonne-Erde-Wasser / Die Arbeit des Schmiedes / Das Gebirge, Mutter des Wassers / Vom physischen Wasser zum spirituellen Wasser / Nährt eure Flamme / Das Feuer ist das Mittel der Verwirklichung / Der Kreislauf des Wassers: Die Reinkarnation / Der Zyklus der Wassers: Liebe und Weisheit / Die Flamme der Kerze / Wie man das Feuer anzündet und erhält / Das Wasser, Medium universalis / Der Zauberspiegel / Der Baum des Lichtes / Das Herabsteigen des Heiligen Geistes / Bilder als Begleiter auf unserem Lebensweg.

### 233 – Eine Zukunft für die Jugend

Die Jugend ist wie die Erde im Entwicklungsprozess / Die Grundlage unserer Existenz ist der Glaube an einen Schöpfer / Der Sinn für das Heilige / Die Stimme der höheren Natur / Den richtigen Weg einschlagen / Studieren genügt nicht, um dem Leben einen Sinn zu geben / Der Charakter ist wichtiger als das Wissen / Erfolg wie Misserfolg meistern / Erkennt, wonach Seele und Geist streben! / Die göttliche Welt ist unsere innere Welt / Warum wird man in diese oder jene Familie hineingeboren? / Lernt aus den Erfahrungen der Älteren! / Vergleicht euch mit spirituell Höherstehenden, um voranzukommen! / Die Liebe unterstützt den Willen / Gebt euch nie geschlagen! / Lasst euch nicht durch eure Fehler entmutigen! / Der wahre Künstler der Zukunft / Sexuelle Freiheit? / Bewahrt die Poesie eurer Liebe! / Tretet ein in die universelle Familie!

### 234 – Die Wahrheit, Frucht der Weisheit und der Liebe

Die Suche nach der Wahrheit / Die Wahrheit, Kind der Weisheit und der Liebe / Weisheit und Liebe oder Licht und Wärme / Die Liebe des Schülers, die Weisheit des Meisters / Der Kern der Wahrheit / »Ich bin der Weg, die Wahrheit und das Leben« / Der blaue Strahl der Wahrheit / Die wirklich wahre Wahrheit / Bleibt der Wahrheit treu / Über Geschmack lässt sich nicht streiten / Objektive und subjektive Welt / Die Vorrangstellung der subjektiven Welt / Wissenschaftlicher Fortschritt und moralischer Fortschritt / Wahrheit der Wissenschaft und Wahrheit des Lebens / Wie man lernt, alles so zu sehen, als sei es zum ersten Mal. / Traum und Wirklichkeit / Die Wahrheit jenseits von Gute und Böse / Die Wahrheit wird euch frei machen.

### 235 – Im Geist und in der Wahrheit

Das Gerüst des Universums / Das Göttliche Amt für Gewichte und Maße / Die Verbindung mit dem Zentrum / Die Eroberung des Gipfels / Von der Vielfalt zur Einheit , Teil 1 und Teil 2 / Die Errichtung des Gebäudes / Die Kontemplation der Wahrheit: Die entschleierte Isis, Teil 1 und Teil 2 / Das Lichtkleid / Die Haut, Organ der Erkenntnis / Der Duft des Garten Eden / Im Geist und in der Wahrheit / Das Bild als einfache Stütze für das Gebet / Überreste sind nichts als Spuren ohne Geist / Nur im Geist begegnet man den Wesen wirklich / Die Sonne, Quintessenz jeder wahren Religion / Die Wahrheit der Sonne: Das Geben / Das Reich Gottes ist in uns.

### 236 – Weisheit aus der Kabbala

Vom Menschen zu Gott: Der Hierarchiebegriff / Darstellung des Lebensbaumes / Die Engelshierarchien / Die Namen Gottes / Die Sephiroth der mittleren Säule / Ain Soph Aur: Licht ohne Ende / Die Materie des Universums: das Licht / »Als der Ewige den Kreis zog über den Fluten der Tiefe...« / »Das Reich Gottes gleicht einem Senfkorn« / Die kosmische Familie und das Mysterium der Heiligen Dreifaltigkeit / Der Körper des Adam Kadmon / Malkuth, Jesod, Hod, Tiphereth: Die Erzengel und die Jahreszeiten / Der Sephirothbaum, Symbol der Synarchie / Jesod: Die Grundlage des spirituellen Lebens / Binah / Chokmah, das schöpferische Wort / Jesod, Tiphereth, Kether: Die Sublimierung der Sexualkraft / Das Gebet Salomons.

**237 – Das kosmische Gleichgewicht - Die Zahl 2**

Die kosmische Waage - Die Zahl 2 / Das Pendeln der Waage / Die 1 und die 0 / Der jeweilige Platz des Männlichen und des Weiblichen / Gott steht über dem Guten und dem Bösen / Der weiße und der schwarze Kopf / Zyklische Schwankungen und Gegenpole: Das Gesetz der Gegensätze / »Um die Wunder einer einzigen Sache zu verbringen« - Die Symbole der 8 und des Kreuzes / Der Äskulapstab des Hermes – Die Schlange der Astralebene / Prinzip des Lebens und Prinzip des Todes: Iona und Horev / Das Dreieck Kether-Chesed-Geburah / Das Gesetz des Austauschs / Der Schlüssel und das Schloss / Die Arbeit des Geistes an der Materie – Der Gralskelch / [...]

**238 – Der Glaube versetzt Berge**

Glaube, Hoffnung und Liebe / Das Senfkorn / Wahrer Glaube und persönliche Überzeugung / Wissenschaft und Religion / Der Glaube geht immer dem Wissen voran / Die Wiederentdeckung des verborgenen Wissens / Die Religion ist nur eine Form des Glaubens / Unsere göttliche Abstammung / Der Beweis für die Existenz Gottes ist in uns / Die Identifikation mit Gott / Gott ist das Leben / Gott in der Schöpfung / Rabota, vreme, vera: Arbeit, Zeit, Glaube.

**239 – Die Liebe ist größer als der Glaube**

Die Ungewissheiten des modernen Menschen / Der zerstörerische Zweifel: Einheit und Polariastion / Der heilsame Zweifel / »Dein Glaube hat dir geholfen« / »Dir geschehe nach deiner Einstellung« / Nur unser Tun bezeugt unseren Glauben / Bewahrt euren Glauben an das Gute / »Wenn ihr nicht werdet wie die Kinder...« / Die Liebe ist größer als der Glaube / Worauf das wahre Vertrauen gründet / »Liebt einander, wie ich euch geliebt habe«.

**240 – Söhne und Töchter Gottes**

»Ich bin gekommen, damit sie das Leben haben« / Das Blut, Träger der Seele / »Wer sein Leben retten will, wird es verlieren« / »Lass die Toten ihre Toten begraben« / »Gott hat die Welt so sehr geliebt, dass er seinen einzigen Sohn hingab« / Jesus, Hohepriester nach der Ordnung Melchisedeks / Der Mensch Jesus und das kosmische Prinzip des Christus / Weihnachten und Ostern: Zwei Seiten aus dem Buch der Natur / Die Geburt des Christuskindes / Jesus, tot und auferstanden? / Das Opfer von Jesus am Kreuz: Die Kräfte des Blutes / »Aus seinem Leib werden Ströme lebendigen Wassers fließen« / Ein Sohn Gottes ist allen Menschen ein Bruder / Die Erde bevölkern mit Söhnen und Töchter Gottes.

**241 – Der Stein der Weisen**

Über die Deutung der Schriften, Teil 1 und Teil 2 / »Was zum Mund hineingeht, das macht den Menschen nicht unrein...« / »Ihr seid das Salz de Erde«, Teil 1 und Teil 2 / »Wenn das Salz seinen Geschmack verliert...« /

Den Geschmack des Salzes kosten: die göttliche Liebe / »Ihr seid das Licht der Welt« / Das Salz der Alchimisten / »Und wie alle Dinge aus dem Einen entstammen...« / Die alchimistische Arbeit: Die 3 über der 4 / Der Stein der Weisen, Frucht einer mystischen Vereinigung / Die Regeneration der Materie: das Kreuz und der Tiegel / Der Mai-Tau / Die Entfaltung des göttlichen Keims / Das Gold des wahren Wissens: Alchimist und Goldsucher.

**242 – Unerschöpfliche Quellen der Freude**

Gott, Ursprung und Ziel unserer Reise / Sich auf den Weg machen / Das Leiden als Antrieb / Gottes Antworten in sich selbst suchen / In der Schule des Lebens: Die Lektionen der Kosmischen Intelligenz / »Wie ein Fisch im Wasser« / Gegenüber himmlischen Wesenheiten eingegangene Verpflichtungen / Ohne Angst voranschreiten / Einzig das Licht des Geistes darf uns führen / Unsere Zugehörigkeit zum Lebensbaum / Was es bedeutet, ins »Ausland« zu gehen / [...]

**243 – Das Lächeln des Weisen**

Der Weise lebt in der Hoffnung / Wie ein Hirte über seine Schafe wacht / Die Grenzen unserer Seele schützen / Die Erwartung, die uns wach hält / »Wenn die Auge rein ist, wird dein ganzer Körper im Licht sein« / Der Ernst, die Tränen, das Lachen, das Feiern / Die Lampe des Weisen ist voller Heiterkeit / Die Sprache des Eisens und die Sprache des Goldes / Sieg über das Leiden: Das Lächeln Gottes / Jedes Opfer prägt uns den Stempel der Sonne auf / »Der Größte unter euch soll euer Diener sein« / Dank: Quelle von Licht und Freude / Möge euer Name im Buch des Lebens eingetragen sein / Beim Festmahl.

**244 – Dem Licht entgegen**

Um nicht mehr sagen zu müssen: wenn ich gewusst hätte...! / »Lass deine linke Hand nicht wissen, was deine rechte tut.« / Programm für den Tag und Programm für die Ewigkeit / »Seid nicht besorgt um den morgigen Tag« / Allein die Gegenwart gehört uns / Bevor die Sonne untergeht / Der Übergang ins Jenseits / Das Leben ohne Grenzen / Die Bedeutung der Bestattungsrituale / Unsere Beziehungen zu den Familiengeistern / Was ist der Wille Gottes? / Im Dienste des göttlichen Prinzips / Zum Altar des Herrn aufsteigen / Schreitet beständig voran / An der Schwelle eines neuen Jahres.

## VERLAGS-AUSLIEFERUNG

**FRANKREICH** (Hauptverlag)
Éditions Prosveta S.A.
B.P. 12 – F-83601 Fréjus Cedex
Tel. 04 94 19 33 33, Fax 04 94 19 33 34
E-Mail: international@prosveta.com
Internet: www.prosveta.fr

**DEUTSCHLAND**
Prosveta Verlag GmbH
Grabenstr. 14, 78661 Dietingen
Tel. 07427-3430
E-Mail: kontakt@prosveta.de
Internet: www.prosveta.de

**ÖSTERREICH**
Harmoniequell Versand
Ulmenweg 8, 5302 Henndorf
Tel. und Fax 06214 7413
E-Mail: info@prosveta.at
Internet: www.prosveta.at

**SCHWEIZ**
Éditions Prosveta
1808 Les Monts-de-Corsier 13
Tel. 021 921 92 18, Fax 021 922 92 04
E-Mail: editions@prosveta.ch
Internet: www.prosveta.ch

*Auslieferungsadressen für weitere Länder finden Sie unter*
**www.prosveta.de/informationen/bestelladressen**

*Vom selben Autor*

**Reihe Gesamtwerke**

| | |
|---|---|
| 1 | Das geistige Erwachen |
| 2 | Die spirituelle Alchimie |
| 3 | Die beiden Bäume im Paradies |
| 4 | Das Senfkorn – Symbole im Neuen Testament |
| 5 | Die Kräfte des Lebens |
| 6 | Die Harmonie |
| 7 | Die Reinheit, Grundlage geistiger Kraft |
| 8 | Sprache der Symbole, Sprache der Natur |
| 9 | »Im Anfang war das Wort« |
| 10 | Sonnen-Yoga, Surya-Yoga – Die Herrlichkeit von Tiphereth |
| 11 | Der Schlüssel zur Lösung der Lebensprobleme |
| 12 | Die Gesetze der kosmischen Moral |
| 13 | Die neue Erde – Anleitungen, Übungen, Sprüche, Gebete |
| 14/15 | Liebe und Sexualität (Doppelband) |
| 16 | Alchimie und Magie der Ernährung – Hrani-Yoga |
| 17/18 | Erkenne Dich selbst – Jnani Yoga (Doppelband) |
| *19-22* | *Wird nicht ins Deutsche übersetzt* |
| 23/24 | Eine neue Religion (Doppelband) |
| 25/26 | Der Wassermann und das Goldene Zeitalter (Doppelband) |
| 27 | Die Pädagogik in der Einweihungslehre, Band 1 |
| 28/29 | Die Pädagogik in der Einweihungslehre, Band 2 und 3 (Doppelband) |
| 30/31 | Leben und Arbeit in einer Einweihungsschule |
| 32 | Die Früchte des Lebensbaums |